l'AMOUR des ROSES

Annette Schreiner

l'Amour des Roses

Bien les choisir, les planter, les tailler, les soigner

Éditions RUSTICA

◆ Page 2 : *rosier 'Multiflora'.*
Page 6 : *'Rimosa', de chez Meilland.*
Pages 8-9 : *rosier du Bengale 'Hermosa'.*
Pages 10-11 : *association de 'Fritz Nobis'et du grimpant 'Bobbie James'.*

ISBN : 2-84038-008-0
Dépôt légal : septembre 1992

Sommaire

Avant-propos

Quand la mer eut formé Vénus, la terre donna naissance à la rose. Les dieux, impatients d'assister à son épanouissement, l'arrosèrent de nectar. La rose s'ouvrit.

Un jour, Cupidon jouait dans les jardins de l'Olympe. Il s'approcha d'un massif de rosiers. Des abeilles qui butinaient le piquèrent. Son sang teignit les roses voisines ; elles en conservèrent la couleur.

Le grec Anacréon rapporte cette légende. Autour de la naissance de la rose, bien d'autres ont fleuri. Rose, fille de l'Aurore, tombée de sa chevelure. Rose, fille d'Allah, réclamée par les Persans – qui estimaient que le lotus, fleur des fleurs, était trop paresseux puisqu'il se refermait la nuit.

Que de chemin parcouru par la rose depuis le soleil d'Orient, sa patrie, jusqu'à nous ! Les premiers ambassadeurs eurent pour nom rosiers de Damas, centfeuilles et rosiers musqués. Au crépuscule du XVIIIe siècle, les botanistes voyageurs ramenèrent Rosa indica *et* Rosa canina burboniana. *Des vocations de rosiériste naquirent. D'un siècle à l'autre, de nouveaux dieux créateurs rivalisèrent pour la beauté de nos jardins et placèrent la rose au sommet. Sa gloire n'est pas prête de faner. Ses épines l'en défendent.*

Bien au-dessus de l'humeur changeante de l'humanité, la rose est encore et restera sans doute toujours la plus aimée et la plus recherchée de toutes les fleurs.
(Cochet-Cochet et Mottet)

Pour le velours de ses pétales, la volupté de son parfum et l'aiguillon qui nous retient, consacrons ici la rose.

Les utilisations

La rose au jardin

◆ *Comme l'arbre cache la forêt, la rose masque, derrière sa beauté superbe et sa tendre poésie, des arbustes aux formes multiples, capables de répondre à de nombreuses utilisations. Découvrez-les dans leurs meilleurs rôles.*

Les rosiers entrent avec autant d'aisance dans les styles de jardin classique que de jardin naturel. Il suffit de choisir des variétés correspondant à l'ambiance recherchée et de les mettre en scène avec plus ou moins de rigueur.

◆ ***Jardin classique :*** les rosiers sont plantés en plates-bandes rectangulaires ou carrées, divisées par des petits sentiers gravillonnés. Les polyanthas et les buissons à grandes fleurs sont utilisés en priorité, par groupes d'une ou deux variétés. Il est en effet risqué, sur un plan esthétique, de mélanger un trop grand nombre de coloris. Les rosiers tiges et pleureurs intégrés au centre des massifs donnent du relief au décor. Soulignez les bordures de plantes taillées (buis, santoline...) ou libres (lavandes). Les rosiers grimpants (anciens ou modernes) ont évidemment leur place dans un jardin classique. La réussite de leur intégration dépend uniquement de la qualité des supports : arceaux en fer forgé, tonnelles métalliques, treillages en bois à

◆ **Ci-dessous :** ***une petite bordure de buis bien sage encadrant quelques rosiers en mélange suffit pour créer une atmosphère classique et élégante.***

petites mailles, sont idéals pour mettre en valeur leurs lianes souples et fleuries.

Notre avis : ce style de jardin revient à la mode, mais il faut savoir qu'il demande un entretien très régulier (la moindre négligence se remarque immédiatement) et que son effet est limité à la période de floraison des rosiers. L'hiver laisse en effet le jardin presque totalement dénudé.

◆ ***Jardin naturel :*** ce style est l'opposé du précédent. Les rosiers ne sont plus le centre d'intérêt principal du jardin et jouent un rôle ponctuel à différents endroits du jardin. Peu de grands massifs d'une seule variété, les rosiers sont associés à d'autres végétaux (plantes vivaces, plantes grimpantes, arbustes à fleurs ou à feuillage...).

Votre choix devra se porter sur des variétés à grand spectacle ayant fait leur preuve, comme on en trouve souvent chez les rosiers arbustifs. Les rosiers à massif et les buissons à grandes fleurs manquent en général un peu de souplesse de végétation pour entrer dans un jardin libre. Dans la catégorie des rosiers dits paysages, il n'y a, en revanche, aucune restriction. Quant aux grimpants, ils renforcent l'ambiance romantique s'ils s'enroulent sur un vieil arbre, sur une tonnelle, une pergola ou une clôture.

Notre avis : cette conception assez récente permet de réaliser des jardins moins marqués par le dépouillement hivernal. Les négligences d'entretien sont moins visibles que dans une roseraie classique, mais les soins des rosiers restent identiques.

◆ Pour obtenir ces effets de luxuriance et de liberté, il faut utiliser différentes formes de rosiers et les associer aux plantes vivaces et aux arbustes d'ornement. (Jardin du rosiériste André Eve).
Page de droite : ***rosier-liane 'Bobbie James'.***

Le rosier en massif

La végétation fournie et l'abondante floraison du rosier le destinent tout naturellement à des plantations groupées en massif. On obtient un effet de masse intéressant et de longue durée.

◆ ***Intégration au jardin :*** pour donner tout son effet, le massif s'appuiera sur un fond de verdure de préférence persistant. Une haie de conifères ou quelques résineux en plantation libre mettront en valeur les floraisons d'été et formeront un écran épais et verdoyant en hiver, lorsque les rosiers n'auront plus aucun intérêt décoratif. En premier plan, un tapis de gazon bien entretenu adoucira l'impact coloré des rosiers. Les massifs réguliers sont à adosser de préférence à des bases végétales solides (haies, arbustes...) ou construites (muret, bordure de terrasse, bassin, puits...).

◆ ***Dessin des massifs :*** les massifs constitués uniquement de rosiers réguliers en hauteur ont des contours souples et libres ou, au contraire, tracés au cordeau. C'est une question de style et de goût. La réussite du massif tient surtout à des règles d'implantation comme sa largeur et sa forme. Evitez les plates-bandes étroites en limite d'allée régulière. Elles ne font qu'accentuer l'effet de couloir.

Dans ce cas, tracez un massif aux contours irréguliers et souples pour éliminer toute rigidité. Des îlots de rosiers sur une belle

◆ **Ci-contre :** ***rosiers, fusains dorés et buddleia.*** **Ci-dessus :** ***le rosier ancien 'Raubritter' mérite une implantation de premier plan.*** **Page de gauche :** ***rosiers en massif.***

pelouse peuvent donner le plus bel effet à condition que leur surface soit importante (5 ou 6 m² minimaux) et leur nombre limité. Rien n'est plus désagréable visuellement qu'une multitude de petits massifs disséminés sur une pelouse. Sans compter les problèmes de tonte qui en découlent.

◆ ***Erreurs à éviter :*** ne pas planter des rosiers en massif en bordure d'une allée étroite, sinon gare aux égratignures ! Ne pas composer le massif avec un grand nombre de variétés diversifiées : préférez de grandes taches monochromes.

Ne pas aménager de grands parterres de rosiers dans un petit jardin : l'impact est trop fort et, l'hiver, votre jardin est totalement démuni.

Votre massif sera plus harmonieux si les rosiers forment une masse de végétation régulière et compacte.

Les espèces à fleurs en bouquet (on dit aussi à fleurs groupées) offrent cet immense avantage. Elles sont plus trapues que les rosiers buissons à grandes fleurs, plus florifères et toujours remontantes, c'est-à-dire capables de s'épanouir sans interruption de juin aux premières gelées.

Dans les catalogues, les rosiéristes les classent sous la rubrique des rosiers à massifs ou bien encore des polyanthas et des floribundas. Ils les distinguent aussi par la taille et la forme de leurs fleurs : simples, plus ou moins doubles, petites ou grosses.

Leur hauteur variant de 40 cm à plus de 1,20 m, n'oubliez pas de noter leur performance avant de les installer. Les massifs élevés

◆ Page de droite : *'Rush' (rose) et 'Pénélope' (blanc crème.*
Ci-contre : *'Mary Rose', un des fameux rosiers de David Austin.*
Ci-dessus : *rosiers et lavandes en bordure mixte.*
Ci-dessous : *rosiers polyanthas et genévrier doré.*

◆ *Les rosiers se prêtent à toutes sortes de bons mariages avec des arbustes à feuillage et de très nombreuses plantes vivaces.*

s'apprécient mieux s'ils sont vus d'assez loin. Les massifs bas, qu'il vaut mieux admirer d'un point haut, sont à placer à proximité de la maison, de la terrasse et des allées. La plupart des variétés à massif existent dans les coloris rouge et rose. Les blancs, jaunes et orangés sont également proposés, mais dans un choix plus limité.

Notre avis : le regroupement des rosiers facilite leurs soins (traitements, désherbages , engrais), mais pour prolonger la durée de la floraison, pensez à supprimer les fleurs fanées.

Le rosier en association

On peut apprécier les rosiers sans vouloir en faire les têtes d'affiche de son jardin. Si vous les mêlez habilement à d'autres végétaux, vous les percevrez d'une manière différente, tout en évitant l'effet de vide que produisent les grands massifs de rosiers pendant la saison hivernale. C'est une tendance qui fait de plus en plus d'adeptes, car elle permet de créer des scènes charmantes, plus durables qu'un massif de rosiers seuls, tout en laissant une grande liberté d'improvisation.

◆ ***Marié aux arbustes :*** cette union permet de le traiter d'égal à égal avec d'autres arbustes ayant des intérêts différents tels que leur floraison, la coloration ou la persistance de leur feuillage, leurs fruits décoratifs... Regroupez ces végétaux en haie libre ou en massif plus large, en disposant les rosicrs scul3 au milieu des arbus-

NOTRE CONSEIL

Les rosiers s'harmonisent mieux avec certains types d'arbustes, ceux dont le feuillage est à la fois compact et fin. Les teintes panachées ou colorées risquent d'éteindre la floraison déjà spectaculaire des rosiers. Préférez les feuillages vert tendre ou neutre. Vous ne serez jamais déçu par cette sélection d'arbustes : conifères, genêt, berbéris, buis, *Lonicera nitida,* cotonéaster, charmille, viburnum, *Cotinus coggy-gria...*

Prenez d'abord connaissance de la hauteur de développement des rosiers de manière à bien les placer par rapport aux arbustes du massif.

tes d'ornement ou en les groupant par trois, cinq ou davantage si le jardin est très grand. N'hésitez pas à planter plusieurs fois la même espèce de rosier pour donner du rythme à votre massif. Les autres arbustes sont également introduits par petits groupes d'une même espèce.

■ ***Choix des rosiers :*** les variétés formant des buissons compacts, élevés et d'allure naturelle conviennent tout à fait. Recherchez-les dans la catégorie des rosiers dits arbustifs et également parmi les grands rosiers à fleurs groupées ('Queen Elisabeth', 'La Sevillana', 'Centenaire de Lourdes'...).

◆ ***Mêlé aux plantes vivaces :*** il s'agit toujours d'un massif varié, composé cette fois de plantes herbacées à fleurs ou à feuillage décoratif. Comme les rosiers, les vivaces sont rustiques et restent en place pendant de nombreuses années. Leur mariage est donc tout à fait viable. Dans la platebande bien organisée, style

◆ ***Roses mariées au feuillage argenté du* Stachys lanata (ci-dessus) *et à la floraison vaporeuse du crambe maritime* (à gauche).**

ROSIERS ET ROCAILLE

Dans la rocaille, de charmantes scènes sont réalisées avec certains rosiers qui doivent être choisis avec discernement. La rocaille est un espace naturel évoquant un paysage de montagne : éliminez les rosiers trop sophistiqués. Contentez-vous des espèces miniatures, des polyanthas nains (race Koster) et des roses anciennes qui forment des buissons libres, bien adaptés à ce style de décor.

◆ *Dans le jardin du paysagiste anglais John Brookes, un bel exemple de rosier grimpant mis en scène avec des fusains dorés* Verbascum bombyciferum *(feuillage argenté) et une clématite à grandes fleurs.*

NOTRE CONSEIL

Palissez les rameaux sarmenteux autour du tronc en les enroulant en spirale. Sur les vieux troncs vous pouvez enfoncer des clous pour fixer les attaches.

"mixed-border", les vivaces et les rosiers sont disposés par taches de couleur et par mouvements ondulants en hauteur. Une règle reste bien établie : les espèces à grand développement servent de toile de fond, les plus basses viennent en bordure.

Dans le massif libre, dit sauvage ou de style jardin du curé, rosiers et plantes vivaces se mêlent avec exubérance et plus de spontanéité. La scène peut s'étendre et animer une grande partie du jardin ou au contraire être réduite au minimum, en points de suspension, près de la terrasse par exemple. Deux ou trois rosiers, une dizaine de plantes vivaces de hauteur variable et de coloris différents suffisent pour donner une ambiance au charme fleuri et sauvage.

■ ***Les vivaces à retenir :*** les racines de ces dernières restent en général superficielles. Celles des rosiers descendent dans le sol en profondeur. La concurrence entre les deux genres n'est donc pas à craindre.

› ***Les hampes florales élancées.*** Leur graphisme contraste avec la végétation un peu anarchique du rosier : sauge vivace *(Salvia superba* et *sclarea)*, lupin, pied d'alouette *(Delphinium)*, campanule *(Campanula persicafolia)*, éremurus, tritoma, iris, lys, liatris, lavande, romarin, salicaire, platycodon, sidalcea...

› ***Les floraisons légères et vaporeuses.*** Elles forment un nuage mousseux de corolles sous la végétation plus rigide des rosiers : gypsophile, géranium vivace, scabieuse, anémone du Japon, érigeron, œillet, achillée, népéta...

› ***Les feuillages.*** Leurs reflets argentés ou bleutés mettent en valeur les roses les plus délicates. Effet garanti après la pluie ou la rosée : santoline, oreille d'ours *(Stachys lanata)*, fétuque bleue, alchemille, thym...

■ ***Choix des rosiers :*** les rosiers buissons à fleurs groupées, les rosiers arbustes de variétés anciennes ou modernes de style rétro, les rosiers tapissants, les rosiers miniatures, toutes ces espèces forment avec les plantes vivaces des scènes charmantes.

◆ ***Liés aux arbres :*** sous leur ramure protectrice, la reine des fleurs souffre et végète. Les feuillages masquent la lumière tellement nécessaire à une belle floraison. Les racines font une concurrence déloyale à celles des rosiers. Résultat : cette union est vouée à l'échec. Reste une solution qui convient mieux au rosier et qui prouve bien son besoin de rayonnement. Il s'agit d'une liaison dangereuse entre un arbre et un rosier grimpant. Le danger existe pour l'arbre car, très rapidement, il ne servira plus que de support au rosier et sera totalement envahi. Vous choisirez donc un arbre ancien, au tronc solide, aux branches bien réparties (une bonne taille peut être nécessaire au départ pour éclaircir la ramure) et d'allure harmonieuse. Il n'est pas question de condamner un sujet en pleine santé mais de donner, au contraire, un second souffle à un arbre à bout de course, commençant à se dégarnir et à former beaucoup de bois mort.

■ ***Choix des rosiers :*** il faut absolument garnir l'arbre avec générosité et ne pas hésiter à utiliser des espèces exubérantes, presque envahissantes. Pas de rosiers grimpants à grosses fleurs (dits climbing) beaucoup trop modestes pour cet emploi. Offrez-vous ici une variété remontante à fleurs groupées ('Clair Matin', 'Haendel', 'Intervilles', 'New Dawn', etc.) ou non remontante ('American Pillar', 'Albertine', 'Dorothy Perkins', 'Excelsa', 'Paul's Scarlet Climber', 'Alexandre Girault', 'Aviateur Blériot', 'Thalia', 'City of York', 'Wedding Day', 'Le Kiftsgate', etc.). Pour ces derniers, la floraison est de courte durée, mais l'impact est incomparable. L'arbre croule littéralement sous les fleurs !

NOTRE CONSEIL DE PLANTATION

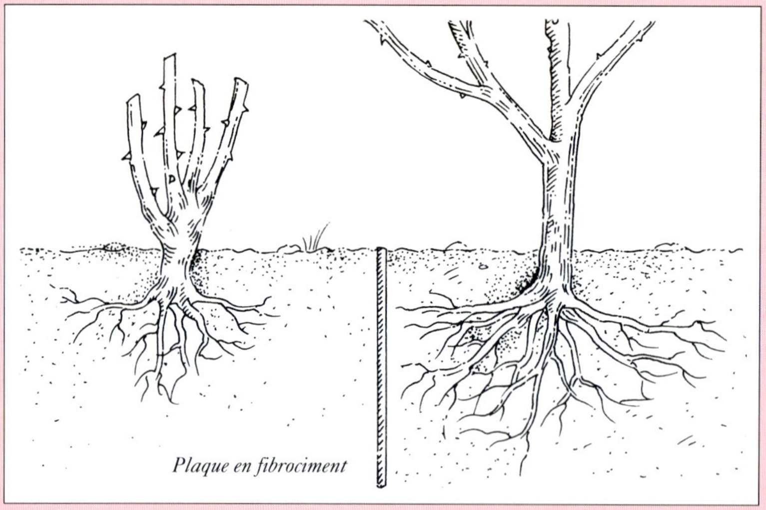

La profondeur de terre au pied de l'arbre est en général insuffisante pour assurer une bonne végétation au rosier. Les racines souvent serrées affleurent. Une bonne solution consiste à construire un petit muret de 30 cm de hauteur environ autour du tronc. Le sol au pied de l'arbre sera garni d'un plastique épais perforé de petits trous (pour l'évacuation de l'eau) et rempli d'une bonne terre de jardin jusqu'à la hauteur du muret. Cette jardinière improvisée permettra d'accueillir dans les meilleures conditions le rosier devant partir à l'assaut de votre arbre.

La clôture fleurie

Ouvrir le jardin sur une brassée de roses, c'est déjà souhaiter la bienvenue aux visiteurs. Les rameaux souples chargés de fleurs savent faire oublier les palissades les plus sévères. Même les barreaux métalliques parviennent à sourire ! Les rosiers peuvent aussi clore un petit "chez soi" avec beaucoup de charme. Sous les bouquets colorés et innocents, les aiguillons forment un barrage efficace.

◆ ***Conditions idéales :*** sur l'armature d'une palissade, le rosier rencontre le meilleur ensoleillement possible tout en bénéficiant d'une excellente aération (pour les claires voies bien sûr). Bois, métal, plastique, peu importe la matière, vous trouverez toujours une variété à marier avec le style et la couleur du support (roses foncées sur palissade blanche et inversement).

Pour les murs de clôture pleins se pose le problème de l'exposition. Le rosier doit percevoir les rayons lumineux du soleil sans pour autant étouffer sur son support. Si la clôture est orientée plein sud, il sera indispensable de prévoir un espace libre de 15 cm environ entre l'armature (fil de fer ou treillage) et le mur.

Les rosiers grimpants habillent les grillages simples. Mais le poids de leur végétation risque d'entraîner des dégâts. Il est donc indispensable de sceller solidement des piquets de soutien dans des plots de béton et de prévoir des fils de fer et des tendeurs plastifiés de renfort.

■ *Choix des rosiers :* les grimpants semblent tout à fait destinés à s'enrouler sur le support providentiel que forme une clôture (on peut aussi les diriger sur un cerceau métallique installé au-dessus du portail d'entrée). L'intérêt pour vous sera de bénéficier d'une floraison aussi soutenue que possible, à moins que ce rosier ne soit planté dans une résidence secondaire. Dans ce cas, vous pouvez programmer sa floraison pour une période très déterminée (généralement en mai ou juin) avec des variétés non remontantes (rosiers anciens du type 'Dorothy Perkins', 'Excelsa', ou 'Paul's Scarlet Climber'). Sinon, place aux rosiers remontants, dont la gamme est beaucoup plus large.

Le talus de roses

Les créations de rosiers tapissants s'élargissent chaque année avec des coloris de plus en plus variés et des floraisons souvent simples, mais de longue durée.

Un terrain vallonné jonché de roses fait rêver. Du rêve à la réalité, voici la marche à suivre...

◆ ***Préparation du sol.*** Ne négligez jamais cette étape. La garniture d'un talus est faite dans deux buts essentiels : éviter les glissements de terrain et limiter l'entretien. La couverture végétale et les racines des rosiers vont jouer dans ce sens. Mais vous ne serez réellement satisfait qu'après un sérieux nettoyage du sol. Il est important de supprimer toutes les souches de mauvaises herbes

Choix de variétés tapissantes

Variétés	*Diffusion*	*Couleur*
'Féérie'	Meilland	rose clair
'Fiona'	Meilland	rouge fraise
'Kiki Rose'	Rose Pekmez	rose clair
'Red Blanket'	Jacques Briant	rouge carminé
'Snowballet'	Rose Pekmez	blanc
'Swany'	Meilland	blanc
'Creepy'	Delbard	rouge brillant
'Lac Blanc'	Rose Pekmez	blanc pur
'Ferdy'	Meilland	rose foncé
'Tapis Rouge'	Rose Pekmez	rouge sang

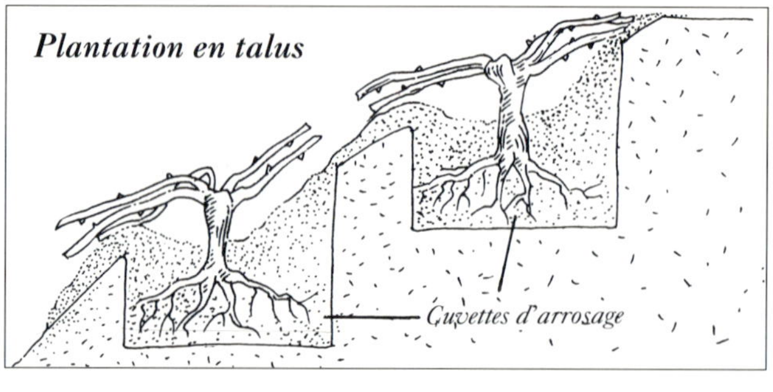

◆ Ci-dessus : ***les rosiers à massif permettent de joindre l'utile à l'agréable en retenant les terrains en pente, tout en les égayant d'une floraison colorée de juin aux premiers froids.***
Page de droite : ***le rosier ancien 'Albéric Barbier', planté au sommet, d'un muret laisse retomber ses rameaux sarmenteux en une cascade fleurie. Il supporte la mi-ombre, qu'il éclaire de sa floraison.***

NOTRE CONSEIL

N'oubliez pas que le feuillage du rosier est caduc. Formez quelques taches d'arbustes ou de plantes tapissantes (genévrier, lierre, millepertuis...) à feuilles persistantes pour la garniture hivernale.

comme celles du chiendent ou des liserons. Lorsqu'elles surgissent plus tard entre les touffes des rosiers, il est très difficile de s'en débarrasser. Cette opération peut être faite manuellement : à la fourche-bêche, vous extirpez méticuleusement toutes les racines indésirables. Ou bien attendez le parfait développement des mauvaises herbes (mai, juin) et appliquez un désherbant systémique (spécialité à base de Glyphosate). Deux traitements successifs doivent vous débarrasser des mauvaises herbes et vous permettre de planter sans problème dès l'automne.

◆ *Choix des rosiers.* Les variétés couvre-sol forment une végétation un peu particulière par rapport aux autres espèces : il s'agit d'arbustes aux rameaux longs (de 1 à 2 m) et souples, s'étalant sur le sol avec une certaine mollesse. Les fleurs s'épanouissent régulièrement tout au long de l'été.

Les haies de rosiers

Décoratives et défensives, elles ne forment pas des remparts aussi épais et verdoyants que le populaire thuya et sont surtout utilisées sur la façade de jardin ou pour souligner une longue allée. Elles sont fleuries durant une grande partie de l'année, elles ont un aspect naturel, non apprêté, et restent très efficaces. Difficile en effet de franchir leur écran qui ne manque pas de piquants.

◆ *Choix des rosiers.* Orientez-vous vers des formes buissonnantes et compactes comme celles qu'offrent les rosiers arbustes. On trouve aujourd'hui beaucoup de variétés descendant de *Rosa rugosa*. Elles sont vigoureuses, très épineuses et portent des fruits décoratifs en automne. Depuis plusieurs années, les obtenteurs multiplient leurs efforts pour donner le jour à de nouvelles variétés de rosiers arbustes, plus florifères, plus

◆ Page de gauche : *le rosier* rugosa *'Rubra' compose de belles haies fleuries.* Ci-contre : *un rempart de rosiers arbustifs pour clore le jardin en beauté.*

résistantes aux maladies et bien adaptées aux plantations en haie.

■ ***Haie libre et haute*** (de 1,80 m à 2,50 m) : *Rosa rugosa* 'Rubra', 'Sparrieshoop', 'Thérèse Bugnet', 'Cocktail'.

■ ***Haie libre et moyenne*** (de 1,50 m à 2 m) : 'Anne de Bretagne', 'La Haie fleurie', 'Clair Matin', 'Robin des Bois' 'Bonanza', 'Audace', 'La Sevillana', 'Marguerite Hilling' 'Fée des Neiges'.

■ ***Haie basse et régulière*** (1,50 m) : 'Centenaire de Lourdes', 'Bernadette Chirac', 'Queen Elisabeth', 'Cappa Magna', 'Rosy la Sevillana'.

■ ***Haie haute et taillée :*** *Rosa Hugonis, Rosa Sericea* 'Pteracantha'.

Entretien. Il suffit de supprimer les fleurs fanées (mais ce n'est pas indispensable) et d'éliminer le bois mort en février. La végétation est maintenue libre et à la hauteur souhaitée. Il suffit de rabattre les pointes des tiges. Cette opération stimule la floraison.

L'erreur à éviter : *planter la haie de rosiers trop près de la clôture. Respectez un espace de 2 m environ pour être en règle ave la loi d'une part, et faciliter la taille d'autre part.*

NOTRE CONSEIL

Les haies composées d'une variété unique sont spectaculaires au moment de leur floraison, mais manquent d'intérêt ensuite. Utilisez des rosiers à floraison étalée (remontants) ou organisez une haie libre composée d'arbustes variés. Les rosiers seront mélangés à d'autres espèces et illumineront le rideau de végétation au moment de leur floraison.

◆ **Ci-dessus : *'Manning Blush' forme une haie très dense.***
A droite : Rosa rugosa, ***une fleur de charme sur un buisson de choc.***

Les rosiers palissés

La façade de votre maison est plus que banale ? Le vieux mur au fond du jardin est triste à mourir, sans compter le pignon aveugle de la bâtisse voisine ? Le rosier grimpant peut accomplir des miracles.

◆ ***Préparation du support.*** Le rosier n'est pas une plante grimpante comme le lierre ou la vigne vierge.

Ses rameaux s'enroulent sur le support, mais ne se fixent pas directement sur le mur. Vous ne risquez pas de dégrader le revêtement. Mais vous devez mettre en place une armature sur laquelle les tiges pourront être palissées, c'est-à-dire attachées par des liens de raphia ou des attaches en plastique. Les fils de fer tendus horizontalement et espacés de 40 cm sont à la fois discrets et peu onéreux. Les treillages à mailles carrées ou en losange, formés de petites lattes de bois, sont coûteux mais très décoratifs. Vous éviterez de laisser les rosiers les masquer entièrement. Il existe aussi des clous spéciaux permettant de fixer les tiges directement dans le mur. La pointe acier est enfoncée dans la maçonnerie, le rabat en plomb se replie sur le rameau.

Treillage et fils de fer doivent être écartés du mur par de petites cales. Un espace libre de 15 à 20 cm environ est en effet néces-

◆ ***Parure de rêve pour des fenêtres de charme, les rosiers grimpants peuvent être associés à la vigne vierge.***

◆ *Toutes les sortes de rosiers grimpants peuvent être utilisées pour garnir pergolas et arceaux décoratifs. Les branches principales sont maintenues par des liens en osier ou en plastique.*

saire pour faciliter le palissage, mais aussi pour le confort du rosier qui bénéficie ainsi d'une meilleure aération.

◆ ***Choix des rosiers.*** Adaptez la végétation des rosiers au style de la construction. Rosier sage et bien palissé sur une façade neuve, rameaux libres et exubérants sur les vieux murs. Le mélange des variétés donne de jolis effets (rose et rouge, rose et blanc, par exemple) ; le mariage avec d'autres grimpants également. Rosier et clématite fleurissent souvent simultanément et s'entendent très bien. Lierre, vigne vierge, chèvrefeuille sont aussi de bons compagnons pour rendre le mur plus pimpant.

Aux abords de la maison

Si le rosier est encore la plante vedette des jardins de façade, ce n'est pas tout à fait par hasard.

Rares sont les végétaux aussi faciles à cultiver, peu exigeants, capables de s'épanouir avec une telle générosité pendant de longs mois. Du portail d'entrée jusqu'à l'entrebâillement de vos baies vitrées, leur parfum vous suivra dans tous vos trajets.

C'est dans l'environnement proche de votre maison que le maximum d'efforts doit être fait pour rendre le décor plus agréable à vivre. Ne donnez pas une importance démesurée aux plantations de rosiers, même si cela semble une solution facile. Une utilisation bien choisie (même si vous ne plantez qu'un seul rosier) est toujours préférable à un grand massif "bouche-trou".

◆ ***Sur la terrasse :*** fleurs et dallage ont toujours fait un heureux mariage. Si vous avez réservé des trous de plantation sur votre terrasse, garnissez-les de rosiers miniatures ou d'un beau rosier pleureur.

◆ ***Sur la pergola :*** les piliers peuvent être garnis de rosiers grimpants. Si la longueur de l'abri est importante, n'hésitez pas à mélanger plusieurs variétés de manière à obtenir une floraison échelonnée.

◆ ***Le puits fleuri :*** qu'il soit ou non en usage, la végétation bien dirigée d'un rosier grimpant à faible développement (type climbing) sur l'arceau de support de la chaîne ne vous gênera pas. Charme rétro garanti.

◆ ***La bordure des allées :*** on utilise des rosiers à végétation basse (petits polyanthas, miniatures) en plates-bandes régulières ou de forme libre, selon le style de jardin et le tracé de l'allée.

◆ ***L'animation des façades :*** vous pouvez composer des massifs de rosiers buissons (style 'Queen Elisabeth' ou autres floribundas à grand développement) de manière à apprécier les floraisons juste sous les fenêtres. Une autre possibilité vous est donnée: les rosiers grimpants sur la facade, à condition qu'elle bénéficie d'un bon ensoleillement.

◆ *En façade, il faut offir au rosier grimpant une exposition ensoleillée, mais non brûlante, et privilégier les variétés parfumées comme 'Neige Rose'* (ci-dessous) *ou 'Albertine'* (ci-dessus).

Les roses à bouquets

Vous aimez composer de jolis bouquets. Il vaut mieux, dans ce cas, réserver un petit coin du jardin pour cultiver quelques variétés spécialement destinées à la fleur coupée. Dans cette catégorie, les rosiers buissons à grosses fleurs sont les champions, mais les roses anciennes ne manquent pas de charme, lorsqu'on sait les mettre en valeur.

◆ ***L'art de la cueillette.*** Evitez de prélever des fleurs sur les rosiers de vos massifs ou de vos pergolas. Vous allez très rapidement épuiser vos arbustes, si vous abusez. Plantez plutôt une petite plate-bande, dans un coin du potager par exemple, qui servira à la confection de vos bouquets. La cueillette se fait au sécateur, en coupant juste au-dessus d'une feuille. Il existe des sécateurs à long manche, très pratiques pour couper et saisir la tige de la rose sur les plantes peu accessibles

Pour obtenir de grosses fleurs, supprimez les boutons floraux à l'aisselle des feuilles.

◆ *Les roses du jardin composent des bouquets plus naturels et plus frais que ceux du fleuriste, surtout si l'on prend soin de les accompagner de fleurs vivaces et de feuillages.*

(grimpantes, par exemple). Le meilleur moment de la journée pour cette opération est soit le matin de bonne heure, soit dans la soirée, mais jamais en plein soleil. Il est conseillé de déposer la brassée de roses dans un grand seau d'eau et dans une pièce fraîche pendant quelques heures. Après ce moment de repos et de réhydratation, vous pourrez préparer votre composition florale.

◆ ***Les trucs du fleuriste.*** Au moment de faire votre bouquet, recoupez la tige en biais. Choisissez des boutons floraux tout juste éclos. Ils continueront de s'épanouir dans le vase. Effeuillez la partie de tige qui trempera dans l'eau.

Débarrassez les tiges de tous les éléments morts ou défraîchis. En attendant de composer votre bouquet, plongez les tiges dans un seau d'eau fraîche.

Pour mettre en valeur les roses anciennes, dont les tiges sont généralement courtes et molles, formez de grosses brassées, que vous laisserez retomber nonchalamment d'un vieux compotier ou d'une vannerie.

Pensez aux pains de mousse synthétique qui permettent des arrangements floraux plus variés.

Pour conserver vos fleurs plus longtemps, versez deux ou trois gouttes d'eau de Javel pure, ou un demi cachet d'aspirine dans le vase. Il existe aussi des produits spéciaux dans le commerce.

◆ ***Roses pour bouquet.***

- ***Rouge :*** 'Alleluia' (Delbard), 'Perle Noire' (Delbard), 'Rose Gaujard' (Gaujard), 'Maryse Kriloff' (Rose Pekmez).
- ***Rose :*** 'Lancôme' (Delbard), 'Pénélope' (Gaujard), 'Sylvia' (Rose Pekmez), 'Sonia Meilland' (Meilland), 'Carina' (Meilland), 'Dolce Vita' (Delbard).
- ***Orangé :*** 'Super Star' (Tantau), 'Rêverie' (Rose Pekmez), 'Ambassador' (Meilland) .
- ***Crème :*** 'Elina' (Rose Pekmez), 'Messagère' (Meilland).
- ***Blanc :*** 'Youki San' (Meilland).

L'erreur à éviter : *couper des roses la première année de plantation ; contentez-vous de ne prélever que des tiges courtes. Cela pour ne pas épuiser le jeune arbuste.*

Les rosiers en jardinières

Sur un balcon ou une terrasse rien ne vous empêche de goûter le charme des rosiers grimpants ou arbustifs. La culture en pot leur réussit à merveille. Seuls l'exposition et les effets du vent risquent de poser des problèmes. Mais il existe des solutions.

◆ ***Le choix du bac.*** Surtout ne négligez pas l'aspect décoratif du récipient. Sur une terrasse, c'est un détail qui compte beaucoup. Pensez également aux besoins des rosiers. Mis à part les miniatures, il faut une profondeur de terre de 40 cm environ. N'oubliez pas de laisser un trou pour l'évacuation de l'eau d'arrosage et de ménager un petit drainage composé de graviers ou de billes d'argile. Utilisez la terre de votre jardin allégée avec de la tourbe pour assurer une bonne aération aux racines.

◆ ***La bonne exposition.*** Les rosiers craignent énormément les atmosphères chaudes et confinées. Sur un balcon très fermé et exposé plein sud, le choix d'un rosier n'est pas conseillé. Dans ces conditions, les feuillages ont, en effet, tendance à brûler et à se couvrir d'une moisissure blanche (oïdium). Placez vos bacs de préférence vers l'extérieur du balcon ou de la terrasse et ne plaquez pas le treillage contre le mur, s'il s'agit d'un rosier grimpant. Les courants d'air, les vents violents, le manque de soleil déplaisent aux rosiers.

◆ ***Choix des rosiers.*** Excepté les sujets très expansifs (rosiers arbustes ou anciens), toutes les possibilités sont offertes. Les petits polyanthas et les rosiers miniatures sont destinés à la plantation en bacs ou jardinières, dont les dimensions doivent être adaptées à la taille du rosier.

Notre sélection : 'Tapis Jaune' (jaune) 'Nirpette Pink' (rose), 'White Gem' (blanc), 'Perle d'Alcanada' (rouge carmin), la collection des 'Meillandina' (divers coloris, formes arbustives ou grimpantes), 'Bonbon Hit' (jaune orangé), 'Bossa Nova' (rose)...

◆ De nombreux rosiers se plaisent en bacs et jardinières, pour un été fleuri sur la terrasse.

Harmonies des couleurs

Les roses nous offrent une des plus riches palettes du monde végétal. Du blanc pur au presque noir, en passant par le rouge, le rose, l'orangé, le jaune, le mauve, presque toutes les couleurs sont présentes. Le bleu pur et le noir sont désormais une réalité de laboratoire.

Des chercheurs australiens ont en effet réussi, par des manipulations génétiques, à obtenir des roses portant ces couleurs. En attendant de les découvrir dans nos jardins, le choix et la délicatesse des nuances existant actuellement permettent de composer des scènes d'une grande richesse. Pour les mettre en valeur, il faut tenir compte de l'environnement, de l'exposition et de la toile de fond. Voici quelques notions à retenir.

◆ ***Les verts reposent l'œil.*** La délicatesse d'un coloris ne peut être vraiment appréciée que sur un fond de verdure. Il en est de même pour les effets de masse colorée des massifs. Les fonds de verdure (haie de conifères persistants...) et les bordures engazonnées sont vos meilleurs alliés.

◆ ***Les teintes claires illuminent.*** Placez vos parterres de rosiers roses, jaunes, crème ou blancs dans les endroits sombres (pas à l'ombre, mais sur un fond foncé) et dans les endroits éloignés de la maison. De loin, un coloris lumineux donne toujours un effet de profondeur.

◆ ***Les rosiers rouges, au soleil.*** C'est sous une lumière vive que vous apprécierez le mieux ces couleurs chaudes. Utilisez-les également sur les murs de façade ou sur les clôtures blanches.

◆ ***Les blancs, une touche délicate.*** Il existe assez peu de variétés de roses blanches, mais cela vaut la peine de les introduire dans vos massifs. Une pointe de blanc met en valeur avec élégance les autres coloris.

Erreurs à éviter :

■ ***les mélanges de couleur à l'excès :*** *formez des taches d'une même variété de 3 à 4 m² au moins ;*

■ ***les contrastes violents :*** *le danger existe surtout avec les massifs de polyanthas que l'on utilise comme des géraniums ou des bégonias ;*

■ ***les massifs unicolores :*** *ne copiez pas les jardins de ville en formant des marées de rouge ou de rose, qui risquent d'entraîner la monotonie et l'ennui.*

◆ ***Les harmonies roses ou blanches sont toujours raffinées et reposantes.***

Les rosiers originaux

Pour la curiosité et le plaisir de confectionner des confitures originales, essayez ces rosiers botaniques. Ils sont faciles à vivre et forment de belles haies naturelles.

◆ ***Des fruits délicieux.*** Comme les pommiers, les poiriers, les fraisiers et bien d'autres fruitiers, le rosier fait partie de la famille des Rosacées. Il n'y a donc rien d'étonnant qu'il produise comme ses frères et sœurs des fruits comestibles, avec lesquels on prépare d'excellentes confitures. Leur intérêt décoratif est remarquable, surtout si les rosiers sont regroupés en haie ou en massif libre. En tout début d'automne, de nombreux fruits rouges ou orangés attirent inévitablement le regard. Ils sont généralement ronds *(Rosa rugosa)*, en forme de petites pommes, parfois plus allongés, ressemblant à des poires, des entonnoirs ou des bouteilles miniatures.

◆ ***Certaines espèces de rosiers dévoilent des facettes originales qui viennent s'ajouter au charme de leur floraison : aiguillons rouge vif du* Rosa sericea *'Pteracantha'* (ci-dessus) *et fruits comestibles du* Rosa rugosa (ci-dessous).**

Ils portent le nom de cynorhodons. En grec, il signifie rose des chiens *(Rosa canina)*, une espèce que l'on rencontre principalement dans les haies sauvages des campagnes.

Plus familièrement, on les nomme gratte-cul. L'intérieur des fruits contient, en effet, des petits poils urticants, le poil à gratter !

◆ ***Les espèces à planter.*** *Rosa canina* (haie libre), *Rosa rugosa* et ses variétés 'Blanc Double de Coubert', 'Calocarpa', 'Parfum de l'Haÿ'..., *Rosa hugonis, Rosa rubiginosa, Rosa nitida, Rosa Moyesii, Rosa holondonta, Rosa rubrifolia...* à disposer en isolé, en groupe ou à intégrer dans un massif d'arbustes variés.

◆ ***Des aiguillons colorés.*** Vous connaissez le proverbe – *Il n'est point de roses sans épines* – ou de plaisir sans peine ! Pourtant, l'épine a quelquefois de bons côtés. Les larges aiguillons de *Rosa sericea* 'Pteracantha', d'un magnifique rouge rubis transparent, sont tout à fait étonnants. Les éclairages en contre-jour et le dépouillement de l'hiver les mettent en valeur. Les plus beaux aiguillons se formant sur le bois jeune, n'hésitez pas à rabattre ce rosier en fin d'hiver.

Etonnante, *Rosa hugonis* est une espèce botanique formant un buisson de 2,50 m environ de hauteur et portant de nombreuses fleurs simples jaune d'or, dès le mois de mai. Ses tiges brunes sont entièrement couvertes de petits aiguillons ne laissant pas un millimètre de découvert. Il est impossible de cueillir une de ses roses sans se piquer !

Le choix des rosiers

◆ *Découvrez les variétés les plus cultivées dans nos jardins. Anciennes ou modernes, ces valeurs sûres ont déjà fait largement leurs preuves et sont disponibles chez tout bon pépiniériste.*

Rosiers d'autrefois

◆ Ci-dessus : *vers la mi-juin éclôt l'une des plus émouvantes roses d'autrefois, la douce 'Cuisse de Nymphe'*. Page de gauche : Rosa Gallica *'Versicolor', une belle rose historique connue depuis 1583.*

La mode des jardins naturels les a remis à l'honneur. Avec eux, nous retrouvons les vrais parfums de rose, une végétation généreuse, une floraison romantique et abondante. Arbustifs ou grimpants, les rosiers dits anciens sont en majorité des hybrides créés entre le début du XIXe siècle et 1920.

Les arbustes

Ces rosiers forment des petits buissons très ramifiés et compacts, au port dressé ou souple selon les variétés.

LES ROSIERS BLANCS *(Rosa x alba)* : vous découvrirez dans cette catégorie des arbustes vigoureux à grand développement (de 1,50 m à 2,40 m). Les fleurs peuvent être simples ou doubles, blanches ou roses selon les variétés. Elles apparaissent en bouquets, durant un mois environ, entre mai et juin. Les parfums sont en général très puissants, évoquant ceux de la jacinthe. Les fruits en forme de grosses boules rouges sont décoratifs en automne.
Exigences : rosiers très rustiques ne nécessitant pas de protection hivernale ni de soins particuliers.
Utilisations : en haie ou bien en massif serré.

◆ *'Cuisse de Nymphe'*
C'est une variété encore proposée dans les catalogues, baptisée également 'Rosier Blanc Royal', ou

Rosa x alba 'Incarnata'. Les fleurs roses très doubles sont groupées en bouquets qui font ployer les longues tiges de 1,50 m à 2,20 m de hauteur. Création : 1802.

◆ ***'Félicité Parmentier'***

Cet hybride évoque avec beaucoup de charme la rose ancienne type, dévoilant une corolle bien ronde, aux pétales très nombreux et bien rangés, rose couleur chair d'une grande délicatesse. Il forme un buisson au feuillage épais et aux aiguillons foncés. Hauteur moyenne : 1,50 m. Création : vers 1834.

LES ROSIERS CENTFEUILLES *(Rosa centifolia) :* appelés également roses choux par allusion à leurs grosses fleurs très doubles. Les tiges plient sous leur poids et donnent à l'arbuste un aspect un peu étalé. Ces rosiers non remontants exhalent un parfum délicat. Quelques variétés connaissent toujours un grand succès.

Exigences : très rustiques, ces rosiers ne demandent aucune protection hivernale. Taillez-les assez court en rabattant les tiges principales de moitié, en fin d'hiver.

Utilisations : isolé ou en plantations serrées ce qui permet d'obtenir une végétation plus soutenue.

◆ ***'Chapeau de Napoléon'***

Appelée également *Rosa x centifolia* 'Cristata', cette variété découverte par hasard sur le mur d'un couvent en Suisse, en 1820, se distingue par ses boutons floraux portant des excroissances vertes ayant la forme d'un chapeau tricorne. Les fleurs doubles sont

◆ **Ci-dessus :** ***la 'Rose des peintres' a su inspirer les artistes hollandais du XVIIe siècle.***
Ci-contre : ***'Chapeau de Napoléon' et ses sépales en forme de tricorne.***
A droite : ***rosier du Bengale.***

rose foncé et parfumées. Hauteur moyenne : 1,50 m. Végétation assez étalée et souple pouvant être palissée ou laissée libre.

◆ *'Fantin Latour'*
Dédiée au peintre, cette variété s'épanouit en grandes fleurs à pétales chiffonnés d'un rose profond. Délicatement parfumée. Hauteur et étalement : 1,30 m environ. Les fleurs coupées composent de somptueux bouquets. Evitez les expositions trop ensoleillées qui font pâlir les couleurs. Introduite vers 1850.

◆ *'Rose des peintres'*
Elle offre de grosses boules de corolles rose vif. Le parfum est doux, moyennement prononcé. Création : 1811.

Les rosiers de Chine ou du Bengale *(Rosa chinensis) :* ces arbustes buissonnants aux tiges dressées, découverts en Chine et introduits en Europe au XVIIIe siècle possédaient le gène de la floraison continue. Ils ont donc largement participé à la création des nouveaux hybrides modernes à floraison bien remontante (de juin à octobre), mais hélas au parfum peu développé. On les retrouve également sous des formes plus proches des buissons naturels cultivés dans la Chine profonde.
Exigences : ces rosiers sont tous bien rustiques. Pour favoriser la remontée de la floraison, supprimez les hampes fanées à partir du mois de juillet.
Utilisations : en massif ou sur les bordures, en compagnie de plantes vivaces. En bacs et jardinières profondes sur balcon ou terrasse.

◆ *'Old Blush'*

Nommé également rosier du Bengale rose, cet hybride fut d'abord créé en Chine avant d'être introduit en Europe en 1793. On l'apprécie pour son feuillage à reflets rouges et ses fleurs rondes, très régulières, s'épanouissant en bouquets légers de juin jusqu'au plein automne. Leur coloris est d'un joli rose, très rafraîchissant et leur parfum léger. Hauteur : 1 m environ.

LES ROSIERS COMPLICATA *(Rosa x macrantha* 'Complicata') : l'origine de ce rosier n'est pas vraiment certaine, mais on pense qu'il s'agit d'un hybride de *Rosa macrantha*, de *Rosa canina* ou de *Rosa gallica*. Cet arbuste hésite aussi entre une forme arbustive (1,50 m) ou grimpante (jusqu'à 3 m). Tout dépend de son implantation, en massif ou en appui

◆ Ci-dessus : ***'Old Blush' poursuit sa floraison jusqu'au début de l'hiver.*** Ci-contre : **Rosa complicata, *dont la corolle soyeuse reste fraîche plusieurs semaines.***

◆ Ci-contre, Rosa complicata *forme un buisson à forte végétation qui se couvre entièrement de grandes fleurs simples.* Ci-dessous : Rosa damascena *'Semperflorens', cultivée depuis l'Antiquité.*

contre mur ou un treillage. Les fleurs de très grande taille, simples et solitaires, sont rose tendre à cœur doré. Elles s'épanouissent uniquement au mois de juin et sont suivies de gros fruits décoratifs en automne.

Exigences : ce rosier porte mal son nom car sa culture n'a vraiment rien de compliquée. Il lui faut simplement un emplacement bien dégagé et une taille de nettoyage après la floraison.

Utilisations : c'est un arbuste à grand spectacle à planter en isolé, sur pelouse ou en massif. Egalement en haie ou en garniture de clôture.

LES ROSIERS DE DAMAS *(Rosa damascena) :* ce sont de magnifiques arbustes, amples et vigoureux, de 1 à 2 m environ de hauteur. Floraison non remontante en juin. Leur parfum sera une révélation dans votre jardin. C'est d'ailleurs à partir de cette espèce surtout que l'on extrait les essences de rose de la région de Grasse.

Exigences : ces rosiers sont très résistants au froid et aux maladies. Contentez-vous de tailler les rameaux défleuris en fin d'été.

Utilisations : en massifs variés, en isolés ou en haies, surtout pour la force des parfums, également pour la fleur coupée.

◆ ***'Ispahan'***

Découvert au Moyen-Orient, introduit en Europe vers 1832, ce rosier forme un buisson à port plutôt dressé, de 1,50 m de hauteur environ. Il se distingue par ses petites feuilles vert argenté et ses fleurs rose clair, puissamment parfumées. Leur durée d'épanouissement est exceptionnelle.

◆ *'Madame Hardy'*
Considérée par les connaisseurs comme la plus belle des roses blanches anciennes. Le centre de la corolle est éclairé d'un petit œil vert créant un effet étonnant et charmant. Parfum frais et pénétrant. Ce buisson de 1,40 m environ de hauteur garde un port touffu et dressé qui en fait un sujet à isoler sur une pelouse ou sur un fond de verdure. Création : 1832.

◆ *D'York et de Lancastre'*
Appelée aussi *Rosa damascena* 'Versicolor', elle reste une des rares variétés commercialisées. Ses corolles sont diversement colorées, elles sont soit roses, soit blanches, ou bien encore panachées. Création : vers 1500.

LES ROSIERS ÉGLANTIERS D'AUTRICHE *(Rosa foetida* ou *Rosa lutea) :* ils nous dévoilent une facette peu connue du monde des roses. Leurs fleurs simples, jaune citron ou orangé, évoquent le bouton d'or ou la capucine. Mais leur parfum est en plus désagréable ! Par bonheur, les hybrides obtenus à partir de cette espèce botanique ont gardé l'originalité de la floraison et retrouvé des senteurs délicates. Ce sont tous de beaux buissons vigoureux de 2 à 3 m de hauteur. Originaires d'Asie Mineure, les premières espèces botaniques furent introduites en Europe vers le XVe siècle.
Exigences : très faciles à vivre, ils acceptent les sols pauvres et secs. Ils supportent bien le froid et s'épanouissent en plein soleil.
Utilisations : en haie libre ou palissés contre un treillage ou une clôture.

◆ Ci-contre : ***les fleurs blanc pur de 'Mme Hardy' s'épanouissent sur un buisson vigoureux au port dressé.***
Ci-dessous : ***un rosier arbuste aux fleurs variant du jaune à l'orange,*** Rosa foetida ***'Bicolor', ou rosier capucine.***

◆ *'Star of Persica'*
Cet hybride original possède l'allure sauvage des rosiers botaniques, mais surprend par ses très grandes fleurs semi- doubles, d'un beau jaune d'or, très agréablement parfumées. Floraison non remontante en mai-juin. Hauteur : 2,50 m. Création : 1919.

Les rosiers galliques *(Rosa gallica) :* on classe aussi dans cette catégorie les rosiers de Provins, que l'on appelle encore rosiers gaulois, rosiers de France ou rosiers des apothicaires. Ces rosiers sont indigènes, donc très bien adaptés à nos conditions climatiques. Ils sont connus depuis près de 3000 ans. Ils forment des arbustes allant de 60 cm à 1,80 m de haut selon les espèces. La forme et le coloris des fleurs, la force des parfums, peuvent être très variés. Ils ont toutefois des points communs : leur feuillage finement dentelé, leurs tiges peu épineuses, leurs floraison non remontantes, leurs gros fruits rouges et ronds.
Exigences : supprimez les fleurs fanées.
Utilisations : isolés ou en massifs. Plantes de collectionneurs.

◆ Ci-dessus : *'Star of Persica', un rosier qui se prend pour un bouton d'or.*
Ci-contre : *'Cardinal de Richelieu' et sa corolle pourpre foncé séduit par la profondeur de sa tonalité.*

◆ *'Cardinal de Richelieu'*
Le rouge pourpré, le parfum délicat et la texture veloutée de cette rose lui donnent une présence exceptionnelle. On l'apprécie surtout en pleine lumière, sur un fond de feuillage vert clair. L'arbuste de de 1,50 m environ, assez peu épineux, est lui-même très imposant et doit être mis en valeur en le dégageant des plantations voisines. Floraison non remontante. Création : environ 1840.

◆ *'Gros Provins Panaché'*

Ce buisson spectaculaire, aux rameaux souples, presque dépourvus d'aiguillons, doit être mis en valeur dans un espace bien dégagé. En juin, il se couvre de fleurs volumineuses, bien pleines, à pétales variant du blanc au rose clair, striés de rouge foncé. Hauteur moyenne : 1,50 m. Origine non connue.

◆ *'Rosa mundi'*

Appelée aussi *Rosa gallica* 'Versicolor' : floraison originale avec des pétales marbrés de rouge, de rose et de blanc découvrant au centre des étamines jaune vif. Le parfum est léger. L'arbuste atteint environ 1,50 m. Découverte en 1583.

◆ *'Thalie la Gentille'*

Ce petit buisson au port bien équilibré se couvre de fleurs roses aux pétales froissés et divisés par quartier. Elles sont délicieusement parfumées. Hauteur : entre 80 cm et 1,20 m. Floraison non remontante. Date de création inconnue.

Les rosiers mousseux (*Rosa centifolia* 'Muscosa') : il s'agit d'une descendance du rosier centfeuilles. Ils vous étonneront sans doute avec cet aspect particulier que leur donnent les glandes minuscules à l'aspect de poils enchevêtrés (comme de la mousse) qui recouvrent les pédoncules et l'enveloppe des boutons floraux. Hauteur moyenne des arbustes : 1,50 m.

Exigences : ils supportent sans problème les grands froids. Supprimez les fleurs fanées après la floraison.

Utilisations : isolés ou en massifs.

◆ Ci-dessus : **Rosa gallica** ***'Versicolor'*** *ou* **Rosa mundi** *est une mutation de* **Rosa gallica officinalis.** *Ses fleurs bicolores s'épanouissent sur un buisson peu épineux.*
Ci-contre : *'Thalie la Gentille'.*

◆ Ci-dessus :
la délicieuse rose 'Mousseline' est aussi fraîche que parfumée.
Ci-contre :
les grosses fleurs doubles de 'Salet' s'épanouissent jusqu'au plein été. Ce rosier vigoureux et sain est peu épineux.

◆ ***'Mousseline'***
Un nom délicat pour une fleur légère s'ouvrant en coupe blanc ivoire au-dessus d'un calice légèrement moussu. La floraison se renouvelle de juin à octobre. Création : vers 1881.

◆ ***'Salet'***
La mousse des calices est très discrète. Les fleurs sont assez grandes, d'un rose presque transparent. Le parfum est très prononcé. Remontant.
Création : 1854.

LES ROSIERS PORTLAND *(Rosa portlandica)* : nés du croisement entre le rosier de Damas et le rosier de Chine 'Semperflorens', ils ont hérité des qualités

des parents : grosses fleurs doubles, parfum développé, floraison remontante jusqu'aux gelées. Hauteur moyenne: 1,20 m.
Exigences : ils résistent très bien au froid. Evitez de planter 'Jacques Cartier' en situation trop chaude pour garder une meilleure coloration des fleurs.
Utilisations : isolés ou en petits massifs.

◆ ***'Comte de Chambord'***
On s'étonne de la générosité et de l'aisance de cette variété dont les fleurs sont regroupées en larges bouquets. Celles-ci sont de coloris variable, rose vif au moment de l'éclosion des boutons, rose pâle en plein épanouissement. Les pétales bien rangés forment des corolles parfaitement rondes et pleines. L'arbuste atteint plus de 1 m de hauteur. Création : 1860.

◆ ***'Jacques Cartier'***
Elle possède un joli feuillage vert clair sur lequel se détachent de

◆ Ci-dessus : ***'Jacques Cartier' est apprécié pour sa forte remontée florale en fin de saison.***
Ci-contre : ***'Marbrée' fait partie des plus belles variétés remontantes de la race des Portland.***

◆ Ci-dessus : *parfumée, bien remontante 'Yolande d'Aragon' est très prisée des amateurs de roses anciennes.*
Ci-contre : Rosa rugosa *s'épanouit dans les conditions les plus difficiles.*

grosses fleurs, rose vif à l'éclosion, plus pâles à l'ouverture complète des pétales. La floraison de septembre est aussi généreuse que celle de juin. Création : 1868.

◆ ***'Marbrée'***
Les pétales rouge framboise marbrés de blanc forment une corolle aplatie et largement épanouie, au centre éclairé d'étamines dorées. L'arbuste offre une végétation dressée, à feuillage vert clair et porte de nombreux petits aiguillons. Introduit en 1858.

◆ ***'Yolande d'Aragon'***
Ce buisson de 1 m de hauteur environ porte des fleurs bien rondes à l'ouverture s'aplatissant ensuite en cours d'épanouissement. Leur coloris rose vif et leur parfum délicieux en font un des meilleurs 'Portland'. Création : 1843.

Les rosiers rugueux *(Rosa rugosa)* : ce qui domine chez eux, c'est leur extraordinaire rusticité et leur adaptation à toutes les situations (sol, climat, exposition...). La végétation est très belle : tiges vert clair, nombreux aiguillons, feuilles luisantes aux bords ciselés, fruits décoratifs, fleurs simples, mais groupées en petits bouquets s'épanouissant de juin à septembre. Cette espèce est originaire d'Extrême-Orient : est de la Sibérie, nord de la Chine, Corée et Japon. L'un des ancêtres de toutes les races de rosiers cultivés.
Exigences : supprimez simplement le bois mort et les fleurs fanées en automne.
Utilisations : haie, massif, en bord de mer...

◆ *'Blanc Double de Coubert'*
C'est un hybride à fleurs semi-doubles, aux pétales blancs un peu fripés.

Il forme un buisson compact de 1,50 m environ de hauteur et de 1,20 m de diamètre. Son feuillage est également très décoratif. Création : 1892.

◆ Ci-contre : *'Blanc Double de Coubert', très belle variété hybride de* Rosa rugosa *à planter dans un jardin blanc, en isolé ou en haie (détail de la fleur à gauche).* Ci-dessous : *feuillage luisant et corolle lumineuse, 'Hansa' respire la santé.*

◆ Ci-dessus : *souple et retombant 'Max Graf' est très apprécié pour la garniture des talus et des murets.* Ci-contre : *'Roseraie de l'Haÿ' offre une belle floraison rouge violacé mais fructifie faiblement. Résistant aux maladies.*

◆ *'Hansa'*

Le coloris rouge violacé de sa corolle ne fait pas toujours l'unanimité, mais cette variété sait se faire pardonner auprès de ceux chez qui elle ne soulève pas d'enthousiasme, en produisant de gros fruits rouges très décoratifs en automne. Elle est également parfumée et bien remontante. L'arbuste atteint en moyenne 1,20 m. Création : 1905.

◆ *'Max Graf'*

Son port étalé et souple forme une masse de végétation de 2 à 3 m² et de 60 cm de hauteur environ. On l'utilise en buisson libre ou pour l'habillage des talus. La floraison, pas réellement remontante mais très durable, survient en juin-juillet et diffuse un agréable parfum de pomme et de citron. Naïves et fraîches, les fleurs s'ouvrent en larges corolles simples, rose tendre, au centre éclairé par un œil d'étamines dorées. Création : 1919.

◆ *'Roseraie de l'Haÿ'*

Cette variété, qui rend hommage à la célèbre roseraie, réunit de nombreuses qualités. C'est d'abord un buisson généreux, équilibré, au beau feuillage vert tendre et gaufré se colorant en automne et qui présente donc, en lui-même, un intérêt certain. Il est très apprécié en haie. Les fleurs s'épanouissent essentiellement en juin avec une légère remontée les mois suivants. Elles sont volumineuses, rouge cramoisi, d'une texture veloutée, éclairées au centre par un bouquet d'étamines ivoire. Ces deux atouts font de ce rosier un sujet particulièrement recherché. Création : 1901.

◆ *'Sarah Van Fleet'*
On apprécie chez cette variété la fraîcheur et la texture gaufrée de son feuillage généreux, la bonne remontée de la floraison et le parfum très soutenu. Les fleurs au look désuet sont semi-doubles, en forme de coupe, d'un rose profond. Elles s'épanouissent sur un buisson de grande taille (plus de 2 m), à planter isolé ou en haie. Création : 1926.

Les grimpants

Les rosiers anciens de forme grimpante offrent tous une végétation luxuriante et se comportent souvent comme des lianes vigoureuses croulant sous des cascades de fleurs. Notez bien les perfor-

◆ Ci-dessus : *cet autre hybride de* **Rosa rugosa** *qu'est 'Sarah Van Fleet' se distingue par son coloris vieux rose.*
Ci-contre : *le rosier grimpant 'Albéric Barbier' forme des boutons jaunes qui s'ouvrent ensuite en corolles doubles, blanc pur.*

mances et les points faibles de chaque variété pour les utiliser au mieux de leur forme.

◆ *'Albéric Barbier'*
Cet hybride de *Rosa luciae* (proche des *Rosa wichuriana)* est un grimpant à grandes fleurs groupées en légers bouquets. Les boutons de coloris jaune s'épanouissent ensuite en corolles blanc ivoire, agréablement parfumées. Il se plaît mieux à mi-ombre qu'en plein soleil et peut être palissé contre un mur, une clôture, une pergola ou utilisé en couvre-sol sur talus. Hauteur moyenne : 5 à 6 m. Floraison non remontante. Introduction : 1900.

◆ *'American Pillar'*
On l'apprécie particulièrement sur pergola et sur arceau où il couvre facilement son support par l'abondance de sa végétation. Les fleurs sont simples et groupées en bouquets non parfumés, rose vif avec un cœur blanc éclairé par des étamines jaune vif en son centre. Elles apparaissent de fin juin à mi-juillet. Création : 1902.

◆ *'Aviateur Blériot'*
Egalement hybride de *Rosa luciae*, la végétation de ce rosier grimpant est très vigoureuse et dotée d'un magnifique feuillage vert brillant. Les fleurs naissent jaune ambré, puis s'éclaircissent en plein épanouissement pour devenir blanc crème. Elles sont de taille moyenne, semi-doubles et légèrement parfumées. La taille moyenne de ce rosier le destine aux pergolas ou aux façades garnies de treillages solides. Sa floraison est non remontante. Il fut créé en 1910.

◆ Très vigoureux, 'American Pillar' est une variété à retenir pour garnir les grands supports de pergola ou les façades.
Ci-contre :
'Aviateur Blériot', présenté dans sa forme pleureuse, peut également être palissé sur un support.

◆ *'City of York'*

Hybride de *Rosa wichuriana,* 'City of York' est une liane à grand développement, capable de s'enrouler dans la ramure des arbres (voir chapitre *Les utilisations,* pages 12 et 21) ou de s'étaler avec vigueur sur les traverses d'une grande pergola. Ses longues tiges souples atteignent en effet 6 à 8 m de longueur : choisissez un arbre dont la ramure et le feuillage ne risquent de porter ombrage et de gêner le développement du rosier. En juin-juillet, son feuillage sain et brillant disparaît sous les larges et nombreux bouquets des fleurs s'ouvrant en coupe blanc crème. Floraison non remontante, mais de longue durée. Création : 1945.

◆ *'Dorothy Perkins'*

C'est un descendant du rosier wichuriana, une souche de cette espèce ayant donné naissance à de nombreuses variétés de grimpants. La floraison non remontante et non parfumée a lieu en juillet. Le rosier se couvre de petites fleurs roses très doubles, groupées en bouquets. Les feuilles sont vert brillant. Création : 1901.

◆ *'Ghislaine de Féligonde'*

Cet hybride de *Rosa multiflora* peut être traité en buisson libre, en laissant ses tiges souples retomber en large parapluie. Il est également très spectaculaire palissé contre un mur sur un treillage ou sur des fils de fer tendus. Très florifère, il se couvre de bouquets de petites roses doubles, jaune abricot, à la fin du mois de juin. En se fanant, les fleurs pâlissent et deviennent presque blanches. Création : 1916.

◆ Ci-dessus : ***'City of York' est, comme son frère 'Albéric Barbier', un hybride de*** **Rosa wichuriana,** ***à floraison spectaculaire, mais unique.*** **Ci-contre :** ***'Ghislaine de Féligonde' peut être palissé sur treillage ou cultivé en buisson libre.***

◆ Ci-dessus : ***indécises, les petites fleurs doubles de 'Ghislaine de Féligonde' hésitent toujours entre le jaune orangé et le blanc pur.***
Ci-contre : ***à cultiver dans tout jardin de senteurs, 'Mme Isaac Péreire' surprend par la puissance de son parfum et sa belle floraison remontante.***

◆ *'Madame Isaac Péreire'*
Hybride de *Rosa borboniana* (rosier de Bourbon), ce rosier diffuse l'un des parfums les plus puissants du monde des roses. Il trouvera sa place aux abords de la maison, près de la terrasse, etc. Les fleurs sont très grosses (10 à 12 cm de diamètre), très doubles, d'un rose vif rehaussé de pourpre. Pour profiter de ses senteurs, plantez-le en façade ou en garniture de clôture. Il est également remarquable en buisson libre. Floraison bien remontante. Hauteur moyenne : 2 à 3 m. Création : 1881.

◆ Ci-contre :
la tapisserie fleurie du spectaculaire 'Mrs F.W. Flight' s'épanouit en juin.
Ci-dessous :
la belle prestation rouge vif de 'Paul's Scarlet Climber'.

◆ ***'Mrs S.W. Flight'***
Cet autre hybride de *Wichuriana* est surprenant de vitalité. En juin-juillet, il est entièrement couvert de bouquets de fleurs semi-doubles, rose carminé à centre blanc. La floraison non remontante est concentrée de la fin juin à début juillet. C'est un bon rosier pour pergola, tonnelle et arceau. Ses tiges s'étirent en moyenne sur 3 à 4 m de longueur. Création : 1905.

◆ ***'Paul's Scarlet Climber'***
Fait partie des têtes d'affiche les plus plantées de ce siècle. Difficile d'égaler le spectacle de sa floraison extrêmement fournie et d'un coloris éclatant, rouge vif. Les fleurs groupées en bouquets sont doubles, de taille moyenne et agréablement parfumées. Le rosier ne remonte pas. Sa végétation est vigoureuse : utilisez-le sur les pergolas, les tonnelles, les troncs d'arbres, les grands treillages. Création : W. Paul en 1916.

◆ Ci-dessus : *symbole des jardins méditerranéens, le rosier de Banks est une espèce frileuse. La variété 'Lutea' semble être plus rustique et peut être acclimatée sur un mur bien exposé, au nord du pays.*
Ci-contre : *'Tausendschön', en plein épanouissement sur les arceaux d'une pergola, est un rosier sans épines.*

◆ Rosa banksiae *'Lutea'*
Ce magnifique rosier se distingue par la prodigalité de sa floraison jaune pâle, son feuillage semi-persistant, et ses rameaux presque sans épines. Tous les rosiers de Banks (originaires de Chine occidentale et méridionale) sont sensibles au gel. Cette variété se montre un peu plus rustique et peut être cultivée au nord de la France à condition d'être palissée sur un mur bien exposé. Floraison non remontante et peu parfumée en mai. Hauteur : 12 m. Introduction en Angleterre en 1824.

◆ *'Tausendschön'*
Hybride de *Rosa multiflora*, il porte également le nom de 'Merveille' et se distingue par ses très longues tiges souples sans épines. Les fleurs bien doubles, de taille moyenne, rose au centre plus clair s'épanouissent début juillet, mais ne remontent pas. Le parfum est agréable. Hauteur moyenne : 3 à 4 m. Création : 1906.

Rosiers classiques

◆ *Le coloris jaune vif de la variété 'Amber Queen' est un des plus lumineux en massif (Rose Pekmez).*
Ci-contre : *'Bordure Rose' se distingue par une floraison au coloris nuancé.*
Page de gauche : *'Grand Siècle', majestueux.*

Indémodables, ces rosiers, nés pour la plupart après les années 50, sont les descendants des rosiers anciens et botaniques. Cette génération est marquée par un choix immense de grandes fleurs d'une beauté sublime, mais portées par des rosiers en général chétifs et manquant de souplesse. Ceux-ci ont longtemps dominé les formes arbustives modernes, aux emplois variés, aux fleurs simples et parfumées rappelant les anciennes variétés. Elles reprennent peu à peu une place de choix dans nos jardins.

Les massifs

Ils présentent des fleurs en bouquet, type polyantha, floribunda et hybrides de thé pluriflores. Leur floraison est remontante.

◆ *'Amber Queen'*
Comme beaucoup de nouveaux rosiers à massif, il ne se contente pas de former de belles taches colorées. Les fleurs, groupées en bouquets, sont également remarquables, grandes et bien doubles, et se prêtent à merveille aux bouquets. Leur parfum est très prononcé et leur coloris jaune vif, si rare parmi les variétés à massifs, ne manque pas d'attrait. L'arbuste atteint une hauteur de 80 cm.
Ses atouts : une bonne résistance aux maladies pour un arbuste bien buissonnant formant de magnifiques massifs.
Obtention : R. Harkness.

◆ *'Bordure Rose'*

Une floraison très généreuse et bien remontante habille ce buisson de bouquets rose cyclamen du début de l'été jusqu'aux premiers froids. Ondulés sur les bords, les pétales forment des corolles très raffinées rappelant la fleur de camélia. Des variétés très proches comme 'Bordure Vive', 'Bordure d'Or', 'Bordure de Nacre' ou 'Bordure Vermillon' offrent différents coloris pour une même utilisation.

Ses atouts : bonne résistance aux maladies. Une végétation très régulière et compacte de 50 cm de hauteur en moyenne.

Obtention : Delbard-Chabert en 1975.

◆ *'Bordurella'*

Offre un coloris de fleurs des plus délicats rappelant celui du grimpant 'New Dawn'. Ce blanc nacré légèrement lavé de rose pastel est, en effet, assez peu commun dans le monde des rosiers. Les massifs composés de 'Bordurella' atteindront 65 cm de hauteur environ : aussi placez-les en premier plan ou en bordure d'allée.

Ses atouts : une bonne résistance aux maladies et une floraison continue tout l'été. Plantez ces rosiers par petites touches dans les massifs composés pour mettre en valeur d'autres coloris plus sombres.

Obtention : Meilland en 1983.

◆ *'Centenaire de Lourdes'*

C'est peut-être une des plus belles créations de la maison Delbard. L'abondance de la végétation buissonnante et équilibrée, la richesse de la floraison remontant perpétuellement en font une véri-

◆ **Ci-contre :** ***très élégant, 'Bordurella' peut être placé au premier plan des massifs pour souligner une allée ou une terrasse.***
Ci-dessous : ***'Centenaire de Lourdes' est une variété d'exception par sa généreuse floraison et sa vigueur.***
Page de droite : ***'Chacok'* (à gauche) *et 'Courtoisie'* (à droite).**

table réussite. Les fleurs semi-doubles, groupées en bouquets, font de 8 à 10 cm de diamètre. Elles sont d'un joli rose très frais, légèrement parfumées.
Utilisez cette variété pour vos massifs élevés (de 0,80 m à 1,20 m) ou pour les haies libres.
Obtention : Chabert-Delbard en 1958.

◆ ***'Chacok'***
Son coloris orangé en dégradé, du vermillon au jaune d'or, est des plus chaleureux. Les fleurs très grandes (10 cm de diamètre) et bien groupées, forment de belles masses colorées. L'arbuste offre une végétation vigoureuse (entre 0,90 m et 1,10 m).
Ses atouts : une très bonne résistance aux maladies et une remontée des fleurs exceptionnelle.
Obtention : Meilland en 1984.

◆ ***'Courtoisie'***
Une variété bicolore à grandes fleurs groupées en bouquet. La couleur est très lumineuse : jaune nuancé de saumon. Les tiges portent de 3 à 10 fleurs, formant ainsi des masses colorées très compactes.
Ses atouts : cette variété ne craint pas trop les maladies ; ses fleurs sont agréablement parfumées.
Obtention : Delbard en 1984.

◆ *'Dady'*

Aussi décoratif en boutons qu'en plein épanouissement. Son coloris admirable – un rose pur, très frais – l'impose pour trancher sur des seconds plans sombres : fonds de verdure ou palissades en bois foncé. Végétation assez basse et bien ramifiée. Pour les bordures d'allées ou les premiers plans des plantes-bandes.

Ses atouts : le parfum et la santé.

Obtention : Gaujard en 1975.

◆ *'Daniel Gélin'*

Dédié à l'acteur passionné de jardin, cette belle variété se fait remarquer dans les massifs par sa généreuse abondance de fleurs et son chaleureux coloris rose à reflets orangés. Les bouquets terminaux portent en général 5 fleurs groupées.

Ses atouts : cette variété est également proposée en rosier tige.

Obtention : Meilland en 1987.

◆ *'Diablotin'*

Forme de magnifiques massifs réguliers d'environ 60 cm de hauteur. Les fleurs presque simples sont très larges et d'un magnifique rouge orangé éclatant.

Ses atouts : le coloris des fleurs ne pâlit pas, même en plein soleil. La résistance aux maladies est assez exceptionnelle. La végétation est généreuse. La même

◆ Ci-dessus : ***'Dady' est à mettre en valeur sur un fond de verdure un peu sombre.***
A gauche : ***'Diablotin' forme des massifs rouge vif d'une grande gaieté.***
Ci-contre : ***la nouvelle variété 'Daniel Gélin' offre une floraison très chaleureuse.***

◆ **Ci-dessus :** ***la floraison rouge saumoné de 'Dicky' vient réchauffer les plates-bandes.***
Ci-contre : ***'Manou Meilland'. Son coloris rappelle celui des roses du Bengale.***

variété se retrouve sur les formes grimpantes.
Obtention : Delbard-Chabert en 1961.

◆ *'Dicky'*
Tout est beau chez lui. Le coloris rouge saumoné des fleurs semi-doubles s'ouvrant en coupe aplatie. Le feuillage vert brillant avec des nervures rougeâtres. La végétation bien buissonnante (90 cm de hauteur). Seul reproche : son manque de parfum.
Ses atouts : une excellente floraison, bien remontante. Une bonne résistance aux maladies.
Obtention : Dickson en 1983.

◆ *'Fée des Neiges'*
Voilà un coloris rare dans la catégorie des rosiers à massif. Le blanc est boudé par le public et les obtenteurs font sans doute moins de recherches de ce côté. Retenez cependant cette variété très florifère pour mettre en valeur d'autres coloris et alléger certaines masses imposantes. Les fleurs sont plutôt petites et semi-doubles. Le buisson atteint environ 80 cm.
Ses atouts : l'allure du rosier est naturelle, s'harmonisant bien avec les autres végétaux tels qu'arbustes et plantes vivaces. On peut également le planter en haie. Le parfum est présent.
Obtention : Kordes en 1958.

◆ *'Manou Meilland'*
Cette variété vous offrira une floraison d'une exceptionnelle générosité, à la fois abondante et très remontante. Le coloris des corolles est gai et lumineux, d'un rose mauve rappelant l'ancienne rose du Bengale.

Ses atouts : un léger parfum. Un coloris franc. Une bonne résistance aux maladies.
Obtention : Meilland en 1979.

◆ *'Porthos'*

Très florifère, ce rosier peut produire plus d'une trentaine de boutons sur la même hampe. Les fleurs forment de larges rosettes d'un rouge orangé très tonique. Le buisson reste compact, régulier, peu élevé et porte un feuillage vert brillant.
Ses atouts : un coloris inaltérable au soleil.
Obtention : Laperrière en 1971.

◆ *'Prince Igor'*

Il vous charmera par l'originalité de ses fleurs bicolores. L'intérieur des pétales est rouge, le revers jaune orangé. Il s'agit d'un beau buisson, bien ramifié, à placer au premier plan des massifs. Hauteur assez faible, de 50 à 60 cm.
Ses atouts : une bonne résistance aux maladies et des fleurs légèrement parfumées.
Obtention : Meilland en 1970.

◆ *'Queen Elisabeth'*

Sort un peu du style classique des rosiers à massif. Ses fleurs d'un rose très frais sont en effet beau-

◆ **Ci-dessus :** ***'Porthos', aux corolles rouge géranium, met en relief les massifs d'été.***

◆ **A gauche :** ***inutile de présenter la très célèbre 'Queen Elisabeth'.***
A droite : ***'Prince Igor' est devenu un classique du genre, apprécié pour sa bonne santé et son doux parfum.***

◆ Ci-contre : *'Queen Elisabeth' forme de jolies haies fleuries et s'intègre également dans les massifs d'arbustes et de plantes vivaces.*
Ci-dessous : *'Rosy la Sevillana' s'impose par une floraison vigoureuse, ramifiée et bien remontante.*

coup plus grandes que la moyenne. Elles restent bien groupées en bouquets. Les massifs sont élevés (plus de 1 m) et très naturels. Plantez-la en haie ou en mélange avec d'autres arbustes. On peut lui reprocher peut-être un port légèrement raide.

Ses atouts : très bonne résistance aux maladies et grande abondance de fleurs. Un rosier à succès...

Obtention : Lammerts en 1954.

◆ ***'Rosy la Sevillana'***

Mutation rose de l'excellent rosier à massif 'La Sevillana' que vous connaissez peut-être déjà. La végétation est vigoureuse et bien ramifiée, ce qui permet de com-

poser de beaux massifs mais également des haies fleuries. La hauteur moyenne du rosier est de 80 cm environ. Les fleurs n'offrent pas de parfum.
Ses atouts : des fleurs de 8 cm de diamètre semi-doubles, d'un beau rose carmin foncé. Excellente résistance aux maladies. Très bonne remontée de la floraison.
Obtention : Meilland en 1985.

◆ *'Ruth Leuverick'*

Ses fleurs doubles et plates, aux pétales serrés, évoquent avec poésie la forme des roses anciennes, tout en dévoilant un coloris très actuel, rouge brique brillant. Cette variété forme des massifs très touffus, de 50 à 60 cm de hauteur environ.
Ses atouts : bonne résistance aux maladies et parfum agréable.
Obtention : De Ruiter en 1960.

◆ *'Sangria'*

Ses fleurs rouges aux pétales ondulés sont réunies en bouquets très denses. Cette générosité de floraison en fait un rosier à massif très apprécié pour ses effets de « masse ». Vigoureux et trapu, il atteint 70-80 cm de hauteur.
Ses atouts : peu exigeant et très rustique.
Obtention : Meilland, en 1966.

◆ *'Super Star'*

Très vigoureux et florifère, ce rosier compose des massifs élevés et luxuriants dépassant 1,20 m de hauteur. Les fleurs plus ou moins grosses selon l'emplacement de plantation sont réunies en bouquets et s'épanouissent tout l'été. Traitez cette variété préventivement contre la maladie du blanc (oïdium).

◆ Ci-dessus : *'Sangria' et ses abondantes corolles ondulées.*
Ci-contre : *'Super Star' reste un rosier renommé, mais fragile et sensible aux maladies.*

Ses atouts : un coloris rouge orangé, chaleureux, pas agressif, qui ne passe pas au soleil.
Obtention : Tantau en 1960.

◆ *'Sylvie Vartan'*
Une rose fraîche et double, dynamique et tonique, d'une longue tenue, de coloris rose vif. Elle compose de magnifiques massifs de 60 à 80 cm de hauteur et diffuse un léger parfum.
Ses atouts : une excellente remontée des fleurs en automne. Une assez bonne résistance aux maladies.
Obtention : André Eve en 1969.

◆ *'Yellow Hammer'*
Il nous propose une floraison d'un jaune franc éclatant. Les fleurs sont de belle taille, bien doubles et agréablement parfumées. L'arbuste se ramifie largement de

◆ Ci-dessus : ***'Sylvie Vartan' fera chanter les couleurs de votre jardin par la pureté de ses corolles rose vif.*** Ci-contre : ***un coloris jaune bouton d'or et une parfaite résistance aux maladies font le succès de 'Yellow Hammer'.***

la base et atteint en moyenne 40 cm de hauteur. Utilisez-le, mais sans excès, pour former des taches de couleur sur fond assez sombre. Il est comparable à 'Allgold' bien que sa floraison soit un peu moins remontante.
Ses atouts : cette variété domine les autres du même ton par la bonne tenue de la couleur et la force de sa végétation.
Obtention : Le Grice en 1958.

Les buissons à grosses fleurs

Rosiers hybrides de thé (appelés aussi rosiers nobles) et grandifloras. Floraison remontante et uniflore.

◆ *'Antigone'*
Cette grande rose possède de vraies couleurs estivales, à la fois chaleureuses et changeantes, partant du jaune indien au cœur de la corolle pour finir avec l'orangé du bord des pétales.
Ses atouts : les fleurs sont très

ROSIERS TIGES ET PLEUREURS

Ils se présentent sous un aspect différent des autres formes de rosiers : plus sophistiqués et originaux. Il ne s'agit pas d'espèces particulières, mais d'une simple préparation en pépinière. Au lieu d'être greffé au ras du sol, le porte-greffe est dirigé sur tuteur et greffé entre 1,50 m et 2 m de hauteur. Le résultat donne des petits arbres de port différent selon la variété qui a été greffée. S'il s'agit d'un grimpant, le rosier sera pleureur. Si l'on a utilisé un polyantha ou un buisson à grandes fleurs, on obtient un rosier tige. Dans ces deux formes, vous retrouverez donc de nombreuses variétés que nous avons évoquées dans la partie catalogue de ce hors-série. Pensez à vous informer du rythme des floraisons : remontant ou non ?

NOS CONSEILS

N'oubliez pas d'installer un bon tuteur à la plantation et de prévoir des protections hivernales au niveau des points de greffe et des rameaux.

◆ ***Les rosiers à grandes fleurs se distinguent par le raffinement de leur corolle, la variété des coloris, la durée de leur floraison et leurs tiges uniflores. Un bel exemple du genre : 'Parure'.***

parfumées et commencent à s'épanouir très tôt en saison.
Obtention : Gaujard en 1969.

◆ ***'Arc de Triomphe'***

Se fait remarquer par son parfum puissant et ses fleurs aux pétales crème bordés de rose. L'arbuste est de taille moyenne : de 60 à 70 cm environ.
Ses atouts : les boutons s'ouvrent très lentement, permettant de profiter longuement de la floraison en vase ou dans les massifs.
Obtention : Jackson et Perkins en 1984.

◆ ***'Arianna'***

Aussi remarquable en bouton qu'en plein épanouissement, ce qui est tout à fait naturel pour cette variété très prisée des fleuristes. Les pétales larges et incurvés sont délicatement colorés

◆ Ci-dessus : ***'Arc de Triomphe' est un rosier arbuste de près de 70 cm de hauteur. Ses fleurs, aux pétales crème, exhalent un puissant parfum. A placer près de la maison.***
Ci-contre : ***fleur d''Arianna' dans toute sa splendeur.***

d'un rose porcelaine. Traitez préventivement contre l'oïdium.
Ses atouts : une très belle rose rose pour la fleur à couper, d'une longue tenue en vase. Le parfum est raffiné.
Obtention : Meilland en 1968.

◆ *'Crêpe de Chine'*

Cette rose bien faite, à texture soyeuse, accroche la lumière sur sa ronde corolle et change constamment de couleurs. De près, on remarque ses pétales longs et ondulés. De loin, son coloris lumineux, rouge clair, attire le regard.
Ses atouts : un feuillage vert foncé très vigoureux et sain. Une floraison originale et raffinée.
Obtention : Delbard-Chabert en 1970.

◆ *'Double Delight'*

Bon exemple de rose bicolore. Ses pétales sont en effet nettement teintés de rouge et de jaune crème. Ils forment des fleurs pleines et doubles, aussi belles en boutons qu'à pleine ouverture. Le buisson est vigoureux, bien ramifié et atteint 80 cm de hauteur environ, c'est-à-dire la taille moyenne de la majorité des rosiers de cette catégorie.
Ses atouts : le coloris est original et les fleurs agréablement parfumées. Ce rosier est appréciable aussi bien pour la préparation des bouquets que pour son effet au sein d'un massif.
Obtention : Armstrong en 1976.

◆ *'Elina'*

A peu de concurrents dans sa catégorie. Son coloris est en effet assez rare, d'un jaune pastel tout en douceur. Les fleurs non parfumées sont portées par de longues

◆ Ci-dessus : ***'Double Delight', aux fleurs bicolores caractéristiques.***
Ci-contre : ***'Elina' (Roses Pekmez).***

◆ Ci-contre : *à planter au jardin des fleurs à couper, 'Epidor', aux corolles jaune citron.* Ci-dessous : *une des plus grandes réussites des créateurs de roses Delbard et Chabert : 'Grand Siècle'.*

tiges. L'arbuste atteint 80 cm de hauteur environ.

Son atout : une excellente tenue en vase.

Obtention : Dickson en 1983.

◆ ***'Epidor'***

S'impose comme une des meilleures variétés de couleur jaune vif. Les fleurs grosses, doubles et bien turbinées, sont idéales pour faire des bouquets. Le rosier se présente comme un buisson vigoureux, au feuillage sain.

Son atout : une fleur bien turbinée au parfum léger.

Obtention : Delbard-Chabert 1981.

◆ ***'Grand Nord'***

Ce buisson élevé (plus de 1,10 m) est un exemple d'élégance, par la forme de sa végétation et par la délicatesse de ses roses blanches aux reflets crème. On l'utilise surtout en fleurs à couper. Parfum léger.

Son atout : une rose idéale à associer à d'autres fleurs blanches.

Obtention : Delbard-Chabert en 1973.

◆ ***'Grand Siècle'***

Cette variété symbolise tous les charmes de la rose. Elle en possède la pureté, la délicatesse et le parfum. Le coloris de la corolle évolue au fur et à mesure de son épanouissement, passant du rose carminé au rose tendre. Plantez-le en bordure ou en massif, en compagnie de plantes vivaces (pieds d'alouettes, campanules...).

Ses atouts : une végétation vigoureuse. Une bonne résistance aux maladies.

Obtention : Delbard-Chabert en 1976.

◆ *'Jardins de Bagatelle'*

Cette variété récente, nommée rose de l'année en 1989, rend hommage à la célèbre roseraie parisienne. Son coloris blanc crème ombré de rose sur les bords des pétales est à admirer de près. On peut également plonger son nez au cœur de cette somptueuse corolle pour y goûter un parfum tout à fait exquis. Très délicate, cette rose est facilement tachée par la pluie.

Son atout : cette variété est également proposée en rosier tige.

Obtention : Meilland en 1986.

◆ *'Lancôme'*

Très féminine, cette rose offre des pétales soyeux et brillants comme une précieuse étoffe. Leur coloris rose cyclamen maquille élégamment les massifs, mais c'est surtout en fleurs à couper que ce rosier trouve sa véritable vocation.

Son atout : une longue tenue des fleurs en vase.

Obtention : Delbard-Chabert en 1973

◆ *'Madame A. Meilland'*

Reste une tête d'affiche malgré son âge. Ce rosier réunit en effet un maximum de qualités difficilement égalables : vigueur du buis-

◆ Ci-dessus : ***'Jardins de Bagatelle' rend hommage à la célèbre roseraie parisienne.***
A gauche : ***'Lancôme', pour les amateurs de bouquets.***
Ci-contre : ***'Madame A. Meilland', rose célèbre dans le monde entier.***

◆ Ci-contre : *'Papa Meilland', une fleur parfaite portée par un rosier assez fragile à soigner avec attention.*
Ci-dessous : *'Paul Ricard' fait partie de cette nouvelle génération de belles roses qui ne néglige pas les autres atouts que sont les parfums et la vigueur de la végétation.*

son, abondance de fleurs, résistance aux maladies... L'utilisation en massif donne d'excellents résultats, ce qui n'est pas toujours le cas des rosiers buissons à grosses fleurs. Le parfum est léger.
Ses atouts : la beauté des fleurs, très grosses et très doubles d'un coloris changeant, jaune canari lavé de rose.
Obtention : Meilland en 1945 (cette rose est connue sous le nom de 'Peace' aux Etats-Unis et en Angleterre et de 'Gloria' en Allemagne).

◆ *'Papa Meilland'*

La fleur est quasiment parfaite, bien parfumée, de coloris rouge velouté. Le rosier, en revanche, manque un peu de vigueur et se laisse facilement attaquer par les maladies du blanc ou des taches noires. Utilisez-le davantage pour vos fleurs à couper que dans vos massifs.
Ses atouts : le coloris profond de la fleur, magnifique en bouquet.
Obtention : Meilland en 1963.

◆ *'Paul Ricard'*

Aussi enivrant que la boisson portant son nom, le parfum de cette nouvelle variété est lui aussi anisé et épicé. C'est un des points forts de cette magnifique rose au coloris original, jaune ambré.
Ses atouts : ce buisson de belle taille (1 m de hauteur environ) porte un feuillage dense et sain et se montre très résistant aux maladies.
Obtention : Meilland en 1990.

◆ *'Rose Gaujard'*

Cette rose s'est fait connaître dans le monde entier non seulement par la beauté de sa floraison, mais également par sa facilité de culture, sa belle vitalité et sa grande résistance aux maladies. Les fleurs, non parfumées, au coloris rouge cerise, dévoilent des reflets argentés au revers des pétales. La végétation vigoureuse atteint 1,30 m de hauteur.

Ses atouts : un coloris bicolore superbe. Un feuillage vert bronzé très sain. Une bonne remontée de la floraison en automne.

Obtention : Gaujard en 1957.

◆ *'Sissi'*

Reste une variété classique d'un coloris assez rare, bleu-mauve. On peut également classer 'Sissi' parmi les roses les plus parfumées de sa catégorie. Il convient de ne pas l'utiliser n'importe comment. En massif, elle n'est pas réellement intéressante. Elle convient mieux dans le coin des fleurs à couper ou dans les plates-bandes du collectionneur. Les roses, très belles en plein épanouissement, vieillissent en effet assez mal et donnent un aspect négligé au rosier.

Ses atouts : son parfum puissant et son coloris peu ordinaire.

Obtention : Tantau en 1964.

◆ *'Yves Piaget'*

Ne manque pas d'originalité : ses fleurs à plus de 80 pétales évoquent de grosses pivoines et rappellent certaines roses anciennes (type rose chou). Vous apprécierez également son parfum suave et la bonne remontée de la floraison durant toute la saison.

Ses atouts : une rose à grande personnalité sortant des chemins battus. Une excellente résistance aux maladies.

Obtention : Meilland en 1984.

LES ROSES ET LEUR PARFUM

Beaucoup d'amateurs pensent qu'une rose sans parfum n'est plus tout à fait une rose. L'image de cette fleur est associée à des senteurs capiteuses. Ces conseils vous permettront de mieux profiter de cet atout important :

Le soleil et la chaleur entraînent une meilleure diffusion des parfums. Plantez donc vos rosiers en situation dégagée et bien exposée.

Choisissez des emplacements privilégiés pour vos variétés les plus odorantes : proximité des zones de passages ou de repos, façade, treillage encadrant les fenêtres ou la porte d'entrée, pergola...

Evitez l'excès de variétes odorantes et le mélange des parfums. Il suffit souvent d'un ou deux rosiers bien choisis pour embaumer tout le jardin.

Notre sélection :

Rosiers anciens : rosiers de Damas, rosiers mousseux, rosiers rugueux.

Rosiers buissons modernes : 'Amber Queen', 'Arianna', 'Baronne Edmond de Rothschild', 'Chrysler Imperial', 'Crêpe de Chine', 'Diorescence' 'Double Delight', 'Ena Harkness', 'Eté Parfumé', 'Karl Herbst', 'Madame Laperrière', 'Nil Bleu', 'Papa Meilland', 'Sissi', 'Tendresse', 'Youki San', 'English Roses'...

Rosiers à massif : 'Arnaud Delbard', 'Guitare', 'Nuage Parfumé', 'Shocking Blue', 'Fée des Neige'...

Rosiers grimpants : 'Madame Alfred Carrère', 'Albertine', 'Constance Spry', 'Crimson Glory', 'Etoile de Hollande', 'Isaac Péreire', 'Golden Showers', 'Pink Cloud', 'Zéphirine Drouhin'.

◆ *'Yves Piaget' : cette nouvelle rose signée Meilland surprend par l'originalité de sa corolle. Elle a le charme des roses anciennes et la vigueur des modernes.*

◆ *'Youki San'*
L'une des meilleures variétés à fleurs blanches dans la lignée de la célèbre 'Virgo'. Elle symbolise l'élégance, par la pureté de son coloris, la perfection des boutons floraux et la forme harmonieuse des fleurs quand elles sont en plein épanouissement.
Ses atouts : elle fleurit pratiquement tout l'été et dispense un léger parfum.
Obtention : Meilland.

Les grimpants

A petites ou à grandes fleurs groupées en bouquets ou solitaires, les rosiers grimpants contemporains ont souvent l'avantage d'être remontants, mais sont en général moins vigoureux que les anciens. Ils trouvent de nombreuses utilisations, depuis leur emploi sur treillages jusqu'aux formations en buissons ou couvre-sol.

◆ *'Blaze'*
C'est l'équivalent d'un rosier floribunda en forme grimpante. Les fleurs, en effet, relativement grandes (de 5 à 7 cm de diamètre), groupées en bouquets, s'épanouissent continuellement du mois de juin à septembre. Elles offrent un léger parfum. Cette variété intéressante, devenue un classique du genre, est malheureusement peu diffusée.

Ses atouts : rosier d'une bonne vigueur, ses branches principales atteignent entre 2,50 m et 4 m de haut. On l'utilise pour la garniture des treillages, pergolas, façades de maison bien aérées (attention à la maladie du blanc).
Obtention : Jackson en 1932.

◆ **Ci-dessus :** ***symbole d'élégance et de pureté, la blanche 'Youki San' en plein épanouissement.***
Ci-contre : ***le grimpant 'Blaze' exige un support robuste.***

◆ *'Constance Spry'*
Cette variété est la première d'une nouvelle lignée de rosiers créée en Grande-Bretagne par David Austin et connue en France sous le nom d''English Roses'. Le style est celui des roses anciennes : fleurs pleines, coloris rose pâle, parfum de myrrhe. Hauteur moyenne : jusqu'à 5 m. Floraison non remontante, mais de longue durée en été.
Ses atouts : une floraison spectaculaire qui tapisse complètement le support. Une bonne résistance aux maladies. Une autre utilisation possible en buisson libre.
Obtention : David Austin en 1961.

◆ Ci-contre : *'Constance Spry' peut être cultivé en buisson libre ou palissé sur un support.*
Ci-dessous : *'Dentelle de Malines' est un petit rosier grimpant très romantique. Il se couvre de bouquets légers et vaporeux en mai-juin.*

◆ *'Dentelle de Malines'*
Elle a le charme, la simplicité et le romantisme des roses anciennes. Son spectacle a lieu en mai-juin : des fleurs légères et vaporeuses, petites mais groupées en généreux bouquets, blanches lavées de rose tendre. D'apparence fragile, ce rosier résiste pourtant bien au froid et aux maladies. Végétation assez faible : 2 m à 2,50 m.
Ses atouts : plusieurs utilisations sont possibles, en le palissant sur une clôture ou un treillage, en buisson libre ou en couvre-sol au sommet d'un muret.
Obtention : Lens, commercialisé par David Austin en 1983.

◆ *'Diablotin'*
Né de la mutation du rosier polyantha portant le même nom, la forme grimpante offre une floraison bien remontante à petites fleurs groupées, d'un rouge orangé très tonique. Hauteur moyenne : 2 à 3 m. Utilisations sur clôtures, pergolas et treillages.

◆ Ci-dessus : *'Diablotin' est une variété cultivée en buisson pour massif, sur tige et en forme palissée.* En haut, à droite : *'Exploit'. Ses corolles pourpres ne « passent » pas au soleil.* Ci-contre : *le chaleureux 'Golden Showers'.*

Ses atouts : les fleurs ne pâlissent pas au soleil. Végétation vigoureuse et résistante aux maladies. Forte abondance de fleurs.
Obtention : Delbard-Chabert en 1970.

◆ *'Exploit'*

Se couvre de fleurs de 7 cm de diamètre groupées en bouquets. Comme la majorité des créations récentes, la floraison est bien remontante, mais les parfums sont inexistants. Les pétales, d'un rouge écarlate, restent très lumineux même en plein soleil. La vigueur de ce rosier est moyenne. Nous vous le conseillons pour la garniture des treillages, arceaux et petites pergolas.
Ses atouts : une floraison très dense dans un coloris d'une rare luminosité.
Obtention : Meilland en 1984.

◆ *'Golden Showers'*

Les amateurs de roses jaunes peuvent faire confiance à ce bon rosier, très florifère, facile à vivre et d'une grande vigueur. Son coloris est cependant nuancé : jaune d'or au début de l'épanouissement des fleurs, il pâlit et devient plus ou moins crème en prenant le soleil. Pour cette raison et parce qu'elle s'y plaît bien, cette variété peut être installée à

mi-ombre. Grosses fleurs parfumées et bien remontantes. Hauteur moyenne : 3 m.
Ses atouts : son coloris illumine les façades ou les palissades de couleur sombre. Utilisation possible en arbuste libre.
Obtention : Lammerts en 1957.

◆ *'Grand Hôtel'*

Descendant d'hybride de thé à tiges sarmenteuses. Sa végétation atteint 2,50 m de hauteur environ et les rameaux portent de grandes et belles fleurs doubles, rouge vif. Comme chez les autres membres de la famille, la floraison est remontante et de type uniflore (une seule fleur par rameau). Ce genre de rosier est spécialement destiné aux petites surfaces à garnir (treillage, pylône...).
Ses atouts : un feuillage vert foncé résistant bien aux maladies.
Obtention : Reuter en 1972.

◆ *'Helen Knight'*

Cet hybride est vraiment très proche de ses géniteurs et possède le charme sauvage des rosiers botaniques. Il forme une végétation vigoureuse au feuillage vert clair, aux rameaux brun-rouge et aux fleurs jaune d'or, simples mais larges. Très bonne utilisation en palissage contre un mur. Sa floraison n'est pas remontante.
Ses atouts : les fleurs s'épanouissent très tôt, dès le mois de mai.
Obtention : F.P. Knight en 1966.

◆ *'Iskra'*

Représente la forme grimpante des rosiers polyanthas. Cela sous-entend une floraison étonnante (de juin à l'automne), des fleurs de petites tailles groupées en bouquets, très nombreuses. Cette

◆ **Ci-contre :** ***appréciée pour sa floraison très précoce en mai et l'originalité de sa floraison, 'Helen Knight' illumine les murs sombres.***
Ci-dessous : ***pour habiller les clôtures et les grandes pergolas 'Iskra' ne manque pas de vitalité.***

◆ Ci-contre : *'Messire Delbard' séduit toujours les amateurs de vraies roses rouges.* Ci-dessous et à droite : *'Neige Rose' habille les façades avec élégance et souplesse. Ses fleurs, réunies en bouquets, diffusent un délicieux parfum.*

variété de coloris rouge légèrement orangé couvre complètement les supports tels que les pergolas, les arceaux métalliques, jusqu'à 2,50 m ou 3 m de hauteur.
Ses atouts : floraison très remontante et abondante.
Obtention : Meilland en 1972.

◆ *'Messire Delbard'*
Les grandes fleurs doubles d'un rouge franc et brillant se renouvellent continuellement sur les longues tiges souples de ce rosier à palisser. Installez-le de préférence au soleil, contre un fond de verdure ou un mur de couleur claire. Il atteint environ 2,50 m à 3 m de hauteur.
Ses atouts : un coloris franc qui séduira les amateurs de roses vraiment rouges. Une bonne résistance aux maladies.
Obtention : Delbard-Chabert en 1976.

◆ *'Neige Rose'*
Copie conforme de 'Paul's Scarlet Climber' en rose, cette variété produit des fleurs semi-doubles

réunies en gros bouquets lourds et délicieusement parfumés. Hauteur moyenne : 4 à 5 m. Floraison non remontante.
Ses atouts : un rosier idéal pour garnir une façade mi-ensoleillée

ou illuminer une pergola. Très vigoureux et florifère.
Obtention : Delbard-Chabert en 1955

◆ *'New Dawn'*

Le successeur d'une variété ancienne de grimpant à petites fleurs en bouquet blanc légèrement rosé. Celui-ci était admirable en tout point, mais non remontant. 'New Dawn' possède toutes ces qualités avec en plus une floraison remontante.Il a juste perdu au passage un tout petit peu de vigueur, mais il n'en reste pas moins un rosier conseillé pour les grands supports, la garniture des troncs d'arbre...
Ses atouts : un coloris délicat incomparable, un feuillage agréable, vert tendre. Des fleurs parfumées.
Obtention : Dreer en 1930.

◆ *'Pink Cloud'*

Il a le charme et la générosité des rosiers d'autrefois. Ses fleurs groupées en bouquets sont doubles, parfumées et d'un rose vif très gai. Elles sont mises en valeur par un feuillage sain, vert brillant. Utilisez-le en garniture de palissade, sur treillage en façade, ou sur pergola. Hauteur moyenne : 3,50 m.
Ses atouts : une floraison bien remontante et superbe.
Obtention : Boermer en 1952.

◆ *'Prince Igor'*

Déjà connu comme rosier à massif. Vous retrouverez toutes ses qualités dans sa forme grimpante : fleurs en bouquet rouge capucine avec le revers des pétales jaune indien, bonne remontée de la floraison, mais absence de parfum.

◆ **Ci-contre :** ***'Pink Cloud' est un séduisant rosier grimpant, à la floraison romantique et très remontante.***
Ci-dessous : ***'Prince Igor' forme de véritables tapisseries de fleurs rouge capucine. Ne lui manque que le parfum.***
Page de droite : ***'Rose Céleste', grimpant à grosses fleurs.***

CLIMBING OU GRIMPANT ?

Il faut faire une petite distinction entre les différents types de rosiers grimpants. Vous lirez sur les étiquettes ou dans les catalogues des variétés qualifiées de "climbing" comme 'Clg Super Star' par exemple. Il s'agit de mutations de variétés polyanthas, floribundas ou buissons à grandes fleurs formant des rameaux à grand développement.
Il existe également des véritables grimpants d'origine dont on ne retrouve pas les variétés équivalentes en rosiers buissons ou à massif ('American Pillar', 'Danse du Feu' ou 'Golden Showers' par exemple).
Ils sont nettement plus vigoureux que les "climbing", mais en genéral leur floraison ne remonte pas. Les "climbing" en revanche ont une végétation nettement moins volubile. Ne les taillez surtout pas trop court les premières années suivant la plantation, car ils risquent fort bien de revenir à leur forme d'origine, c'est-à-dire un gros buisson !

La hauteur des branches principales est de 3 m environ, ce qui permet de garnir aisément des murs de façade, des clôtures grillagées ou des palissades.
Ses atouts : une bonne résistance aux maladies. Une floraison intense et de longue durée.
Obtention : Meilland en 1985.

◆ ***'Rose Céleste'***
Variété de rosier grimpant à grosses fleurs rose clair avec des nuances plus ou moins foncées. Son palmarès de qualités est assez impressionnant : longue floraison (remontant tout l'été), vigueur de

la végétation, longue conservation des fleurs, parfum très prononcé. Hauteur : 2,50 m environ.
Son atout : une très grande résistance aux maladies.
Obtention : Delbard en 1979.

Les arbustes

Pour haie, massif libre, en isolé.

◆ ***'Amerlock'***
S'éloigne un peu du style des rosiers arbustifs anciens par la grosseur de ses fleurs très doubles. Le coloris est vif et lumineux, rose flamboyant. Très vigoureux, il atteint aisément de 1,50 m à 2 m de hauteur et sa végétation reste bien dressée. C'est donc un excellent sujet pour une haie fleurie et pour des grands massifs libres.
Son atout : une floraison bien remontante.
Obtention : en 1980.

◆ ***'Anne de Bretagne'***
Rentre également dans la même lignée que le rosier précédent avec ses roses bien formées, rose vif. C'est le type même du rosier sans problème, résistant aux maladies, vigoureux (il atteint 1,50 m de hauteur), bien remontant et s'adaptant à toutes les situations (sauf à l'ombre).
Ses atouts : une végétation dense et régulière, idéale pour former une belle haie fleurie.
Obtention : Meilland en 1977.

◆ ***'Ballerina'***
Cet hybride assez proche des rosiers botaniques se distingue par la légèreté et la gaieté de ses

◆ Ci-contre : *les inflorescences groupées en bouquets de 'Ballerina' masquent presque entièrement le feuillage.*
Ci-dessous : *'Anne de Bretagne'. Cette nouvelle variété, obtenue par Meilland en 1977, s'épanouit très longtemps, jusqu'à l'automne.*

◆ Ci-dessus : *'Candy Rose' est aussi à l'aise en compagnie de plantes vivaces qu'en garniture de talus.*
Ci-contre : *'Charles Austin' est un rosier solide à grosses fleurs pleines et parfumées. Dans la lignée des 'English Roses'.*

fleurs. Celles-ci sont petites, simples, blanches au centre, rose fuchsia sur le bord des pétales et regroupées en bouquets. L'arbuste forme une masse de végétation volumineuse légèrement plus large que haute (1,50 m en moyenne).
Ses atouts : une floraison bien remontante. Diverses utilisations sont possibles : en isolé, sur talus, en massif et palissé sur un support... On le trouve également greffé sur tige.
Obtention : Pemberton en 1937.

◆ *'Candy Rose'*

Forme une végétation souple propre à de nombreux rosiers arbustes dont les branches sont généralement longues et couvertes de fleurs. Celles-ci sont regroupées en bouquets d'un joli coloris rose soutenu. Sa végétation étalée le destine aux massifs de style un peu sauvage ou à la garniture des talus. La floraison dure longtemps, mais la remontée des fleurs est moyenne. Aucun parfum n'est à signaler.
Ses atouts : une beau feuillage très dense, vert bronze, rarement attaqué par les maladies.
Obtention : Meilland, 1984.

◆ *'Charles Austin'*

Comme les autres rosiers arbustifs de la lignée des 'English Roses', dont il fait partie, cet hybride évoque avec beaucoup de candeur les charmes des roses anciennes : fleurs pleines aux pétales de couleur abricot et au parfum fruité fortement prononcé. L'arbuste est vigoureux et touffu (1,60 m de hauteur en moyenne).
Son atout : une floraison bien

remontante tout l'été, à condition de le tailler assez sévèrement en fin d'hiver.
Obtention : David Austin en 1973.

◆ *'Clair Matin'*
Peut être utilisé comme un grimpant en palissant ses tiges souples sur un support ou en arbuste libre. Son port devient dans ce cas évasé, légèrement retombant. La végétation reste de toute façon assez modeste : de 2 m à 2,50 m de hauteur, et peut être encore limitée au moment de la taille de fin d'hiver. En plantant serré (tous les 60 cm environ), on réalise avec cette variété de belles haies fleuries. Les fleurs semi-doubles sont plutôt petites et réunies en bouquets.
Ses atouts : une floraison continue pendant l'été. Un joli coloris : des fleurs rose tendre avec des étamines jaunes apparentes.
Obtention : Meilland en 1960.

◆ *'Cocktail'*
Sait également prendre plusieurs visages. Selon le climat et la conduite adoptée, il deviendra soit grimpant, soit arbustif. La végétation reste toujours souple et élégante.
C'est dans les régions au climat doux (ou à une exposition protégée) que cette variété s'exprime le mieux. Les fleurs larges mais simples évoquent la naïveté des anciens rosiers.
Ses atouts : cet arbuste fleurit deux fois abondamment : en juin et en septembre jusqu'aux gelées. Le coloris des fleurs est assez peu commun et d'un ton très chaud : rouge orangé au cœur jaune.
Obtention : Meilland en 1957.

◆ **Ci-contre :** ***les fleurs rose pâle de 'Clair Matin' prennent une teinte plus soutenue à plein épanouissement.***
Ci-dessous : ***'Cocktail' peut être utilisé palissé ou en arbuste libre. Frileux, il faut le placer à l'abri du vent.***

◆ Ci-dessus : *les larges fleurs ambrées de 'Golden Wings' se renouvellent jusqu'à l'arrière-saison.*
Ci-contre : *'Héritage', un des poulains du rosiériste anglais David Austin.*

◆ *'Ferdy'*
Les petites fleurs en pompons roses tombent en avalanche sur de longs rameaux souples formant une végétation très dense et volumineuse (1,50 m de hauteur environ). La floraison, tout à fait spectaculaire, est hélas peu remontante.
Ses atouts : utilisez ce magnifique arbuste à fleurs en haie, isolé, en mélange avec des plantes vivaces, en cascade au sommet d'un grand muret...
Obtention : Meilland en 1984.

◆ *'Golden Wings'*
Ses longs rameaux arqués se couvrent de très larges roses simples jaune canari, et aux étamines dorées bien visibles. La silhouette souple de cet arbuste reste cependant compacte et dressée. Il atteint 1,50 m de hauteur et de diamètre. Floraison remontante.
Ses atouts : une élégance superbe, qui en fait un choix de connaisseur. Il s'harmonise à merveille avec les vivaces et les arbustes d'ornement ou peut être aussi palissé sur un treillage.
Obtention : Shepherd en 1956.

◆ *'Héritage'*
Cet hybride est également un des plus beaux fleurons des rosiers anglais de David Austin. Il séduit tous les amateurs de roses anciennes par la candeur et la douceur de sa floraison. Ses roses sont pleines, d'un rose porcelaine évoquant les anciennes peintures. L'arbuste reste vigoureux et touffu (1,50 m de hauteur) avec un port assez souple.
Ses atouts : une floraison bien remontante. Une bonne résistance aux maladies. Un parfum irré-

sistible, à la fois épicé, citronné et profond.
Obtention : David Austin en 1984.

◆ *'Jet Flame'*
Ce rosier arbustif au port souple et étalé s'utilise en couvre-sol, sur un talus ou une plate-bande, ou en isolé. Sa forte végétation (il atteint 60 à 80 cm de hauteur pour 1 m de diamètre) lui permet en effet de jouer ce double emploi avec brio.
Ses atouts : une forte vitalité, une bonne résistance aux maladies, une floraison bien remontante de juin jusqu'en automne.
Obtention : Louis Lens en 1984.

◆ *'Lutin'*
Déborde de vitalité ! Sa végétation est moyenne (de 1 m à 1,40 m), mais il fleurit avec une générosité peu commune et sans discontinuer de juin à septembre. Ses fleurs offrent une couleur lumineuse très séduisante : rose à onglet jaune. Plantez-le en massif ou bien en haie fleurie.
Son atout : il accepte les conditions les plus difficiles (sol sec, mauvaises expositions...).
Obtention : Meilland, 1983.

◆ *'Marguerite Hilling'*
Arbuste très gracieux aux branches souples formant une masse de végétation assez basse et libre. L'utilisation en haie est excellente, mais des massifs ou des petits groupes sur pelouse sont également remarquables. Vous attendrez impatiemment la floraison de ce rosier qui illuminera tout à coup votre jardin en juin et juillet. La remontée des fleurs, les mois suivants, est assez faible.

◆ Ci-dessus : ***doté d'un tempérament de feu, 'Jet Flame' est un rosier tonique pour talus ou grand massif.***
Ci-contre : ***'Lutin', un rosier de premier plan et très peu exigeant.***

Ses atouts : variété très florifère. Fleurs simples mais grandes, rose vif avec des étamines jaunes. Beau feuillage vert clair.
Obtention : 1961.

◆ *'Mozart'*

Ce rosier arbustif très florifère est parfois proposé pour remplacer le

fameux 'Robin Hood'. Son port serait plus compact et plus élevé, son feuillage plus dense. Ce rosier étant principalement utilisé en haie, ces améliorations sont tout à fait intéressantes. Il reste bien sûr remarquable en isolé ou en petit groupe de 3 à 5 sujets. Hauteur moyenne : plus de 1,50 m. Floraison remontante.
Ses atouts : une belle floraison en bouquets serrés formés de corolles simples rose vif carminé à cœur blanc.
Obtention : Lambert en 1937.

◆ **Ci-dessus, à gauche :** ***la floraison choc, mais éphémère, de 'Marguerite Hilling'.***
Ci-dessus, à droite : ***'Robin Hood' ou 'Robin des Bois' se plante surtout en haie. Il remplace fort bien 'Mozart'.***
Ci-contre : ***le gracieux rosier 'Nathalie' s'épanouit avec assiduité tout l'été.***

◆ *'Nathalie'*

Ce rosier à forte personnalité se remarque immédiatement dans un jardin. Sa floraison en bouquets largement épanouis et souples contraste avec le port assez rigide des branches. Les fleurs mi-doubles, rose vif, jouent un spectacle permanent du début à la fin de l'été. Hauteur moyenne : 1,50 m.

Son atout : un buisson de premier plan pour les haies ou les massifs d'arbustes et de rosiers en mélange.

Obtention : Hémeray-Haubert entre 1965 et 1970.

◆ *'Nevada'*

Ce buisson large et souple, peu épineux, se pare de grandes fleurs simples de 10 cm de diamètre, d'un coloris blanc crème virant au rose pâle sous le soleil. Il atteint 2,50 m de hauteur environ et 2 m de diamètre. Par mutation, il a donné naissance à la remarquable 'Marguerite Hilling', un rosier arbuste qui lui ressemble comme un frère, mais dont les fleurs sont roses.

Son atout : une floraison spectaculaire en mai-juin avec une remontée légère en cours d'été.

Obtention : Dot en 1927

◆ ***'Robin Hood'***

Se trouve aussi indiqué dans les catalogues sous le nom de 'Robin des Bois'. C'est une des meilleures variétés pour la plantation en haie libre. Celle-ci atteindra environ 1,50 m de hauteur et restera colorée tout l'été, la floraison étant bien remontante. Les fleurs sont simples, rose ombré de carmin, groupées en bouquets mais non parfumées.

Ses atouts : une végétation souple, mais d'une bonne tenue, ne s'écrasant pas sous le poids des fleurs. Des roses pendant plusieurs mois.

Obtention : Pemberton en 1927.

◆ *'Rush'*

Vigueur et générosité caractérisent ce rosier toujours fleuri du début à la fin de l'été. Ses fleurs sont simples, larges et groupées en

bouquets masquant presque entièrement le feuillage. Son coloris rose frais doit être mis en valeur contre un fond de verdure (haie ou pelouse). Hauteur moyenne : 1,60 m.

Son atout : sa présence est remarquable sur un talus, en isolé ou en massif.

Obtention : Lenmobri en 1986.

◆ *'Rustica'*

Cette nouveauté très originale est le premier hybride de *Rosa rugosa* à grosses fleurs doubles de coloris jaune canari ! Le feuillage est celui de *rugosa* : vert tendre, gaufré et très décoratif. Hauteur moyenne : 60 à 70 cm. Floraison remontante

Ses atouts : un emploi très intéressant en bac profond sur un balcon ou en massif, en compagnie de plantes vivaces. Parfum citronné.

Obtention : Meilland en 1991.

◆ *'Smarty'*

Ce rosier à grand spectacle s'impose par la vigueur de sa végétation. Selon la situation, il

◆ Ci-dessus, à droite et à gauche : *'Rush' offre à la fois une gracieuse floraison et une végétation fournie.* Ci-contre : *'Rustica' est le premier hybride de* Rosa rugosa *à fleurs jaunes. Il forme un buisson robuste et vigoureux.* Page de gauche : *'Nevada'* (en haut) *et 'Robin Hood'* (en bas).

atteint entre 1 m et plus de 2 m de hauteur et s'étale sur 1,50 m de diamètre environ. Ses tiges étant souples, on peut le cultiver en buisson libre, mais également le diriger sur un support ou le laisser gambader sur un talus.
Son atout : une floraison délicate et remontante, en légers bouquets composés de corolles simples blanc rosé, éclairés d'étamines dorées.
Obtention : Ilsink en 1979.

◆ ***'Sparrieshoop'***
Se remarque immédiatement tant sa personnalité est présente. L'arbuste forme une végétation ample, gracieuse et imposante à la fois, bien mise en valeur en plantation isolée. Lui aussi évoque les variétés d'autrefois, mais avec l'avantage de refleurir dans le courant de l'été jusqu'en automne. Eblouissant au mois de juin !
Ses atouts : les fleurs simples sont très grandes (12 cm de diamètre), d'un très joli rose éclairé de blanc et de jaune (celui des étamines) au centre. Le parfum est délicieux
Obtention : Kordes en 1953.

◆ ***'Thérèse Bugnet'***
Cet hybride de *Rosa rugosa* (voir Rosiers d'autrefois) possède le caractère rustique de ses ancêtres, tout en proposant des charmes différents. Ses fleurs, par exemple, sont plus grandes (10 cm de diamètre), doubles, d'un joli rose fuchsia et très agréablement parfumées. Sa hauteur varie de 1,50 m à 1,70 m. Utilisation en haie fleurie, en massifs d'arbustes ou en isolé.
Ses atouts : une résistance à toute épreuve, peu d'exigences

◆ **Ci-dessus :** ***'Smarty' est un rosier plein de souplesse qui s'épanouit en légers bouquets tout l'été.***
Ci-contre : ***'Sparrieshoop', très remontant.***

pour la nature du sol et l'exposition. Floraison bien remontante.
Obtention : Bugnet, introduit en 1950.

◆ ***'Westerland'***
Il vous étonnera par la grandeur et le coloris éclatant de ses fleurs jaune lumineux orangé. Celles-ci s'épanouissent presque sans discontinuer de juin à octobre. L'arbuste à l'allure naturelle est vigoureux (il atteint 2 m en moyenne), et a un joli feuillage brillant.
Ses atouts : la chaleur de la teinte des fleurs.
Obtention : Kordes Sohne en 1969.

Les rosiers tapissants

Ces formes arbustives aux rameaux longs et souples s'abandonnent naturellement sur le sol, masquant la terre nue de leurs superbes brassées de petites roses. Baptisés rosiers-paysages, ils interviennent dans l'aménagement du jardin, sur les talus, les rebords de murets, les bordures de massifs...

◆ ***'Creepy'***
Les tiges souples se répartissent en éventail pour former un tapis de roses de 1,20 m de diamètre environ et de 30 cm de hauteur au maximum. A partir du mois de mai jusqu'aux premières gelées, des petites fleurs rouge brillant à centre clair s'épanouissent sans interruption. Des apports d'engrais réguliers sont nécessaires pour entretenir cette vitalité.

◆ Ci-dessus : *les corolles ondulantes de 'Westerland' s'épanouissent sans interruption de juin à octobre.*
Ci-contre : *'Creepy' est une variété sélectionnée par Delbard pour le fleurissement des talus.*

Ses atouts : un port bien compact et régulier. Une forte remontée de la floraison. Une bonne résistance aux maladies.
Obtention : Delbard en 1989.

◆ *'The Fairy' ou 'Féérie'*
Frais et ravissant, ce petit rosier tapissant est aussi à l'aise sur un talus qu'en décoration ponctuelle, au sommet d'un muret, sur une bordure, ou dans une jardinière. Il atteint 40 à 50 cm de haut et s'étale sur près de 1 m de diamètre.
Ses atouts : une floraison remontante en grappes de pompons rose tendre. Bonne résistance aux maladies.
Obtention : Meilland en 1977.

◆ *'Lac Blanc'*
Apprécié des connaisseurs, ce rosier tapissant offre l'originalité de se couvrir de fleurs simples et blanches, groupées en bouquets parfumés. La végétation s'étend sur 1,50 m de longueur et ne dépassent pas 20-30 cm d'épaisseur. 'Lac Rose' est son jumeau à fleurs roses.
Ses atouts : les tiges s'enracinent naturellement et peuvent couvrir ainsi, rapidement, de grandes surfaces. Joli feuillage très dense, floraison bien remontante et parfumée. Assez bonne résistance aux maladies.
Obtention : Kordes en 1986

◆ *'Snowballet'*
Forme une végétation bien couvrante et étalée, idéale pour les talus ou les plantations en bordure de muret d'où il retombe en souplesse. Ses fleurs blanches, d'une grande élégance, permettent de créer des effets de couleur avec d'autres variétés. Elles sont

◆ Ci-dessus : *'The Fairy' peut être utilisé avec succès en bac et jardinière.*
Ci-contre : *'Lac Blanc' est un couvre-sol de grande envergure (Rose Pekmez).*

petites, très doubles, en forme de pompon comme certaines variétés de vieux rosiers.
Son atout : les fleurs ressortent agréablement sur un feuillage très luisant et sain.
Obtention : Clayworth en 1978.

◆ *'Swany'*
Est considéré comme un concurrent de la variété précédente. Ce rosier est en effet couvre-sol, ses tiges rampent ou retombent sur les murets. La végétation atteint de 30 à 40 cm de hauteur environ.
Son atout : les fleurs, comme des petits pompons blancs groupés en bouquets, s'épanouissent régulièrement de juin à octobre.
Obtention : Meilland en 1978.

◆ *'Tapis Rouge'*
Ce couvre-sol récent a maintenant fait ses preuves. Il est apprécié pour la bonne densité de sa végétation s'étalant jusqu'à 1,50 m de diamètre et ne dépassant pas 30 à 40 cm de hauteur. On l'admire également pour ses petites fleurs simples, rouge vif, éclairées d'étamines jaune d'or au centre.
Son atout : une floraison permanente du mois de juin jusqu'aux gelées.
Obtention : Interplant en 1986.

Les rosiers miniatures

Leur vocation première est d'agrémenter les bacs et les jardinières. Mais leur charme s'apprécie également au jardin, sur les bordures de terrasse, en association dans un massif de plantes vivaces et en décor de rocaille.

◆ Ci-dessus : *le feuillage très tapissant de 'Snowballet' s'illumine tout l'été de fleurs blanc pur.*
Ci-contre : *'Swany' s'étale sur le sol ou retombe du sommet des murets.*

Groupe des Nirpettes

Sous cette appellation commerciale sont regroupés de nombreux rosiers miniatures sélectionnés par Paul Pekmez. Ces variétés diffusées chez les pépiniéristes-rosiéristes et en jardineries ont entre 25 et 40 cm de hauteur et offrent une floraison remontante. Quelques suggestions :

'Golden Rosamini' : fleurs jaunes ; 'Rosmarin' : fleurs rose lumineux ; 'Scarlet' : fleurs rouge orangé.

Race Koster

Ces petits rosiers ont différentes variétés de coloris. Elles ont toutes en commun une floraison très dense, remontante, de petites fleurs très doubles réunies en bouquets. Hauteur moyenne : de 40 à 50 cm. Quelques suggestions :

'Blanche Neige' : fleurs blanc pur ; 'Dick Koster' : fleurs rose foncé ; 'Fête des Mères' : fleurs rouge vif ; 'Fête des Pères' : fleurs orangé pur.

Série Meillandina

C'est une véritable collection de rosiers-bonsaï de création récente (Meilland) proposant un grand choix de variétés en buisson (de 25 à 30 cm de hauteur) et en grimpant (de 1,80 m à 2 m de hauteur). Les fleurs doubles, réunies en bouquets légers ou solitaires, ressemblent à de vraies roses en miniature. Elles s'épanouissent du mois de mai jusqu'aux premières gelées. Quelques suggestions :

'Lady Meillandina' : fleurs rose tendre ; 'Romantique Meillandina' : fleurs vieux rose ; 'Snow Meillandina' : fleurs blanc pur ; 'Sunny Meillandina' : fleurs jaune orangé.

◆ ***La miniaturisation du rosier, spécialement étudiée pour la décoration des jardinières, a donné naissance à plusieurs variétés comme 'Snow Meillandina'*** **(ci-dessus)** ***et 'Lady Meillandina'*** **(ci-contre).**

Les formes des rosiers

Miniature

Massif
polyantha et floribunda

Buisson
hybride de thé

Arbuste

Tige

Pleureur

Grimpant à petites fleurs en bouquets

Grimpant à grosses fleurs

Le guide pratique

◆ *De l'achat jusqu'à la plantation, des premiers soins assurant la reprise aux gestes précis comme la taille, les traitements, la multiplication, voici tous les secrets de beauté des rosiers.*

Le choix

Rosiers a racines nues. Vous les trouvez dans le commerce uniquement pendant la période de repos végétatif : d'octobre à avril. Arrachés des champs de culture vers la première quinzaine d'octobre (on provoque artificiellement la chute des feuilles avec des défoliants), les rosiers sont entreposés en chambre froide et sortis au fur et à mesure des demandes. Une réglementation datant de 1988 interdit désormais la vente des rosiers à racines nues avant le premier octobre. Cette mesure assure la maturité des plants proposés avec pour conséquence une meilleure résistance au froid. Pour la vente en libre-service, les plantes sont souvent présentées sous une pochette en plastique. Il importe, avant toute chose, que l'ensemble des racines ne risque pas de se dessécher.

Les critères de qualité. Un rosier chétif à l'achat ne rattrapera jamais son retard et sera beaucoup plus vulnérable aux attaques parasitaires. N'hésitez pas à payer un peu plus cher un rosier en pleine forme, bien préparé en pépinière. Prenez garde aux points suivants :

◆ ***Les racines.*** Elles doivent être enrobées d'une matière capable de retenir l'humidité (tourbe en général ou terreau fertilisé), maintenue sous un film plastique ou dans un filet extensible biodégradable. Au toucher ou par transparence, vérifiez qu'elles sont au moins au nombre de trois et qu'elles disposent de beaucoup de chevelu (fines radicelles qui assurent l'alimentation de la plante). Des racines souples et étalées, d'au moins 20 cm de longueur, vous offriront une excellente garantie de reprise.

◆ ***Les tiges.*** Exigez un minimum de trois belles branches bien réparties à partir du point de greffe pour les rosiers grimpants et les buissons. Les rosiers tiges ou pleureurs porteront au moins cinq belles branches. Pour éviter la dessication, les branches peuvent être enrobées de paraffine transparente. Cette présentation (sans emballage plastique, sauf pour les racines bien sûr) offre un parfait contrôle de la qualité tout en assurant une bonne conservation pendant la période de vente.

◆ ***Les points de greffe.*** C'est à ce niveau que l'on peut juger de la force du rosier. Pour les rosiers buissons, le diamètre du tronc, pris au point de greffage,

A CHAQUE CLIMAT, SA VARIÉTÉ

Les rosiers ont l'avantage de supporter des conditions climatiques très différentes. Le porte-greffe intervient pour les cas les plus extrêmes, mais les roses elles-mêmes, c'est-à-dire les variétés greffées peuvent plus ou moins bien supporter certaines situations. Voici quelques chefs de file pour ces zones délicates.

◆ Bord de mer : *Rosa rugosa* (toutes les variétés), 'Queen Elisabeth'...

◆ Midi (régions chaudes) : espèces sauvages d'origine asiatique (*Rosa laevigata, Rosa bengalensis...*), hybrides de thé, floribundas, rosiers grimpants gigantea 'Cooperi', *Rosa filipes...* rosier arbuste 'Cocktail', *Rosa brunonii, Rosa banksiae.*

◆ Montagne (climat froid) : les conditions déplaisent en général aux rosiers. Le choix de l'exposition, les protections hivernales peuvent améliorer les résultats. Retenez encore *Rosa rugosa* (vraiment passepartout !), la variété 'New Dawn' en grimpant. *Rosa alpina,* une espèce sauvage que l'on découvre en montagne entre 1 600 m et 2 200 m.

L'influence du climat modifie le comportement des rosiers. Si la température est douce en hiver, l'arbuste poursuivra sa floraison très tard en saison (novembre-décembre) et perdra à peine ses feuilles. Si l'hiver est rigoureux, le rosier a un développement moins important et les premières fleurs apparaissent plus tardivement.

est de 1,3 cm environ. Un peu plus pour les rosiers grimpants : 1,6 cm, et moins pour les rosiers tiges : 0,9 cm. Pour ces derniers, le départ des branches se fait à partir de deux points de greffage minimaux. On en trouve trois sur les sujets de qualité supérieure.

ROSIERS EN POT ET EN CONTENEUR. En dehors de la période hivernale, il est toujours possible de planter des rosiers. Le choix des variétés est bien sûr nettement réduit et les prix sont un peu plus élevés (à qualité égale, pour la même variété). D'avril-mai jusqu'à la fin de l'été, les plantes sont cultivées en conteneur ou en pot. En conteneur, tout le système radiculaire de l'arbuste est intact car il est installé depuis l'époque du greffage. Si le rosier a été rempoté spécialement pour prolonger la période de vente après l'hiver, il importe que cette opération ait eu lieu quelques mois avant votre achat.

◆ *Une visite chez le pépiniériste au moment des floraison permet de découvrir les rosiers « sur pied ».*

Roses Pineau
UNE CRÉATION
"ROSES PINEAU"
ROYALE®
(de St Germain en Laye)
Rosiers polyanthas
pour massifs et bordures
Coli-Briant
DELBARD
VIGOROSA®
polyanthas
Rosiers polyanthas
à fleurs en bouquets
Rosiers polyanthas
à fleurs groupées
BON DE COMMANDE

L'achat

Par correspondance. Commencez par demander les catalogues des pépiniéristes spécialisés. Vous aurez un choix énorme de variétés que ne pourra jamais vous offrir la jardinerie proche de chez vous. Passez commande le plus vite possible en saison (septembre-octobre) et faites-vous préciser la date de livraison. Profitez des promotions quelquefois intéressantes en achetant des lots d'une même variété. Groupez éventuellement votre commande avec celle de vos voisins ou amis, cela vaut la peine.

◆ *Comparez les prix* en tenant compte de la qualité des rosiers proposés. Par correspondance, vous aurez bien sûr du mal à juger. N'hésitez pas à faire des petits achats dans plusieurs pépinières avant de passer une grosse commande. La qualité de l'emballage a de l'importance pour la santé des rosiers, surtout si la livraison a lieu en période très froide.

Sur place. Il est possible de juger immédiatement de la qualité du produit. Attention toutefois aux emballages bardés d'étiquettes et de photos qui vous dissimulent tiges et racines. On trouve des rosiers partout, dans les pépinières, les jardineries, les grandes surfaces. Méfiez-vous des magasins chauffés qui proposent des rosiers à racines nues jusqu'au mois de mai... Cela s'est vu !

Si le pépiniériste proche de chez vous, élève lui-même ses rosiers, faites-lui confiance. Il cultive ses variétés sur le porte-greffe le mieux adapté au climat et à la nature du sol de votre région. Atout important pour le succès de vos plantations !

◆ ***L'étiquetage.*** Que vous achetiez sur catalogue ou sur place, il est important de connaître le nom exact de la variété. Ne vous contentez pas d'une appellation vague du type rosier rouge à massif ! La variété, c'est l'identité de votre rosier. Sa résistance aux maladies, la tenue de ses fleurs, son parfum en dépendent. Depuis la loi du 11 juin 1970, les nouvelles obtentions sont protégées pour une durée de vingt ans. La lettre R figure sur l'étiquette du rosier et sur le catalogue près du nom de la variété. La nouvelle obtention porte obligatoirement un nom variétal (Sunblest, par exemple) et une marque commerciale (Landora - R -). Comme pour un disque ou un livre, il est interdit de multiplier et de revendre sans autorisation du créateur la variété protégée. L'éditeur (c'est-à-dire le pépiniériste) devra verser des droits d'auteur (environ 15 % du prix de vente) au créateur de la rose.

L'IMPORTANCE DU PORTE-GREFFE

Presque tous les rosiers ont une tête et des jambes. La tête, c'est la partie visible de l'arbuste : tiges, feuilles, fleurs, bref la variété que l'on a choisi de mettre en valeur. Les jambes courent en profondeur dans le sol pour assurer la vitalité du rosier. C'est le porte-greffe. Grâce à lui des variétés délicates ou difficiles à bouturer retrouvent un second souffle. Le porte-greffe permet d'adapter des variétés de rosiers à une grande latitude de climats et de terrains.

Dans la pratique, les pépiniéristes ne précisent généralement pas le type de porte-greffe utilisé pour leur production. Si les conditions de culture sont ordinaires, ne vous faites aucun souci, car les porte-greffes les plus couramment utilisés *(Rosa canina et Rosa multiflora)* s'adaptent à un maximum de situations.

Pour les cas particuliers, adressez-vous à un rosiériste capable de vous garantir le choix du porte-greffe.

Sol acide (pH inférieur à 6) : *Rosa canina* 'Inermis'. On l'utilise également pour la formation des rosiers tiges, car il est presque totalement dépourvu d'aiguillons.

◆ Sol calcaire (pH supérieur à 7,5) : *Rosa coriifolia* 'Fræbelii', un porte-greffe bien rustique.

◆ Sol sableux : *Rosa rubiginosa* (mais il drageonne beaucoup) et *Rosa multiflora*.

◆ Sol lourd : *Rosa* 'Fræbelii'.

◆ Climat rude et froid ; bord de mer : *Rosa canina* 'Inermis'.

◆ Pour la vente par correspondance, les pépiniéristes spécialisés éditent tous un catalogue mettant en valeur leurs meilleures variétés.

Conseil pratique. *N'oubliez pas de desserrer légèrement l'étiquette au moment de la plantation pour éviter un étranglement de la branche en cours de végétation.*

La réception

Après l'achat ou la livraison de vos rosiers, prenez rapidement la décision de les planter. Evidemment, les conditions climatiques risquent quelquefois de compromettre vos bonnes intentions. Le gel, les inondations ou la neige vous obligeront à prendre des mesures d'attente.

Si la plantation est différée d'une semaine au maximum, conservez les racines entourbées dans leur petit manchon de plastique hermétique. Otez simplement l'enveloppe plastifiée des tiges. Si les racines sont vraiment nues, enfouissez-les dans de la tourbe ou du sable humide contenu dans une caissette ou un seau. Conservez-les à l'abri du gel dans un local frais (une cave par exemple), la lumière n'étant pas indispensable pendant la période de repos hivernal.

Si l'attente est plus longue, il vaut mieux mettre les rosiers en jauge dans le jardin. Supprimez alors totalement les emballages, étalez et retaillez éventuellement les racines trop longues (plus de 25 cm) ou abîmées. Choisissez un emplacement abrité des vents froids et situé de préférence au pied d'un mur exposé au nord pour ouvrir la petite tranchée de jauge. Couvrez les racines de terre légère ou de tourbe, d'une couche de paille, et de terre à nouveau pour maintenir la protection en place. L'attente des beaux jours se fera sans aucun problème.

Si les rosiers sont en conteneur ou en pot, c'est-à-dire déjà en végétation, les raisons d'un retard de plantation ne seront bien sûr pas dues au froid, mais peut-être à un départ en vacances. Il est indispensable de conserver la terre du pot ou du conteneur humide jusqu'à la mise en place dans le massif ou la jardinière. Conservez alors vos plantes dans un endroit bien aéré où la température ne risque pas de monter en flèche.

◆ *Talon d'Achille du rosier, ses racines doivent toujours être maintenues humides jusqu'à la plantation. Un rosier de bonne qualité se reconnaît à son réseau dense de fines racines (le chevelu).*

La plantation

◆ Ci-dessus : *dans l'impossibilité d'une plantation immédiate, les rosiers doivent être mis en jauge dans une petite tranchée.*
Ci-dessous : *les racines abîmées sont retaillées avant la plantation.*

L'EXPOSITION. A l'intérieur même de votre jardin, les conditions climatiques peuvent être considérablement améliorées par de petits aménagements ou des protections efficaces. Respectez bien les besoins essentiels des rosiers.

Ils aiment le soleil, une bonne aération.

Ils détestent les vents violents, l'ombre, les situations brûlantes (rosiers palissés sur un mur blanc exposé au soleil).

Aidez-les en installant des brise-vent aux limites du jardin (haies, arbustes en rideau, canisses...), en dégageant les massifs des grands arbres, en espaçant les grimpants du mur (treillage, pergola, palissade donnent de meilleurs résultats).

La sécheresse de l'air favorise le développement d'un duvet blanc sur les feuillages du rosier. Cette maladie cryptogamique est difficile à combattre, mais peut être évitée en choisissant une meilleure exposition. Il arrive aussi que les boutons floraux brûlent sans même s'épanouir sous l'effet ardent du soleil. Choisissez une variété mieux adaptée à la chaleur ou essayez de favoriser l'aération de l'endroit.

LA QUALITÉ DU SOL. Les rosiers se comportent bien dans la plupart des types de terrain. Cependant certaines situations risquent d'entraîner des déséquilibres dans le développement de la végétation. Le choix d'un porte-greffe bien adapté permet d'éviter ce genre de problème.

Essayez de vous rapprocher du milieu de culture idéal. Vos rosiers ne vous trahiront plus, ils seront aussi resplendissants que sur le catalogue et, surtout, leur résistance aux attaques parasitaires sera nettement renforcée.

◆ ***La terre idéale.*** C'est le type dit "terre à blé" légèrement argileux, mais sans excès. Elle retient bien l'humidité et les éléments nutritifs. Cette couche doit atteindre 50 cm de profondeur environ. Le sous-sol doit être perméable. Le degré d'acidité est également très important : pH situé entre 6,5 et 7. Il vaut mieux un sol légèrement plus acide (6) que trop calcaire (7,5).

LES SECRETS D'UNE BONNE PLANTATION

Préparez le sol plusieurs semaines à l'avance. Améliorez la terre sur 50 cm de profondeur environ et autant de largeur. Utilisez des engrais complets à décomposition lente qui profiteront aux rosiers pendant une longue période. La corne broyée et la poudre d'os sont aussi bien appréciées.

➡ Ne placez jamais de fumier mal décomposé au contact des racines. Il risque de favoriser le développement des maladies cryptogamiques.

➡ Éliminez avant la plantation les racines de mauvaises herbes (chiendent, liseron...) qui seront difficiles à détruire plus tard.

➡ Ne laissez jamais sécher les racines avant la plantation. Faites-les plutôt tremper dans un mélange liquide de pralinage qui favorisera la reprise.

➡ Arrosez abondamment le sol au pied des rosiers. C'est le meilleur des tassages. Il permet à la terre de glisser et de prendre contact entre les racines.

➡ Installez le tuteur avant le rosier tige pour éviter de blesser les racines.

➡ Faites tremper la motte des rosiers plantés en période de végétation et arrosez ensuite très régulièrement jusqu'à parfaite reprise. Evitez de défaire la motte. Brisez plutot le pot de terre cuite ou découpez à la serpette le pot en plastique.

◆ A gauche : *pralinage des racines.* Ci-dessus : *ouverture du trou à 30 cm de profondeur.* Ci-contre : *apport de tourbe.*

Plantation d'un rosier tige

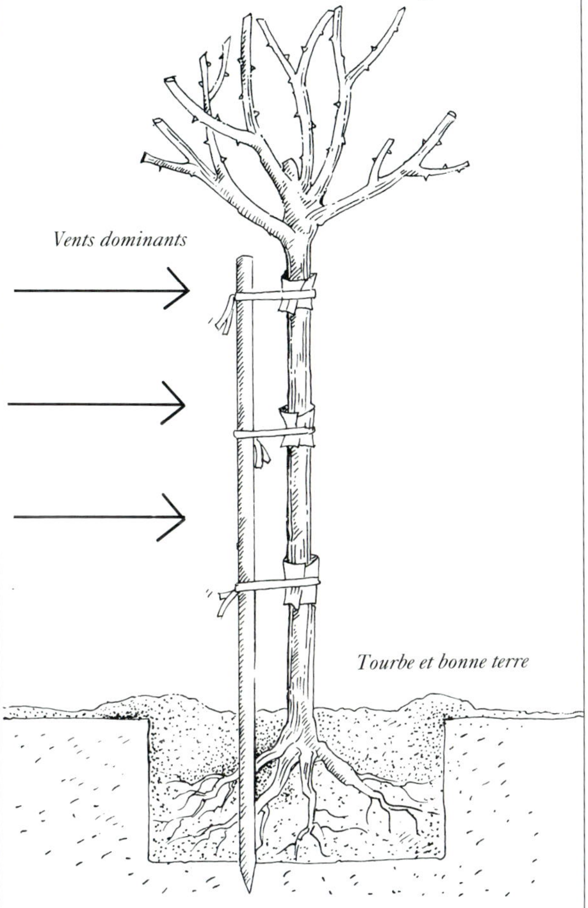

Mettez le tuteur en place en faisant attention aux racines. Fixez-le côté nord.

◆ ***La radioscopie du sol.*** Certaines données peuvent être facilement déterminées par l'observation des réactions du sol.

→ Si en formant une petite boulette de terre, celle-ci reste compacte, elle est argileuse. Améliorez-la en mélangeant du sable, de la tourbe, des débris d'écorce ou de racines, du fumier pailleux, du compost...

→ Si la texture est nettement sableuse (l'eau est très rapidement absorbée et les mottes sont sans consistance), améliorez-la en apportant de la terre végétale, du fumier décomposé, du compost du jardin ou de la terre à rosiers vendues en sac.

→ Si le terrain est tourbeux et humifère (généralement en sous-bois), sa couleur noire, sa texture spongieuse, retenant l'humidité, évitez purement et simplement de planter des rosiers. Orientez-vous plutôt vers les plantes de terre de bruyère (rhododendrons, azalées...).

→ L'analyse est cependant plus précise pour déterminer le degré d'acidité du sol, c'est-à-dire la teneur en calcaire. On utilise pour cela un pH-mètre que l'on trouve aisément dans les jardineries. Dans un sol trop calcaire, le rosier manifeste son malaise par des symptômes facilement identifiables. Les feuilles jaunissent, les nervures restent bien vertes. Au moment de la préparation du sol, on peut faire baisser le taux de calcaire en apportant du soufre ou du sulfate d'ammoniaque. Ces apports devront être renouvelés chaque année. En cours de culture (fin d'hiver), des épandages de chélate de fer (séquestrène, anti-chlorose...) au pied des rosiers entraîneront un reverdissement du feuillage et leur donneront du tonus.

◆ Ci-contre : ***le bon positionnement du point de greffe par rapport au niveau du sol est important pour éviter l'affranchissement du rosier (départ de gourmands).***
A droite : ***un geste utile avant la plantation, le contrôle du degré d'acidité du sol (pH).***

Calendrier d'entretien

JANVIER

Bêchez en surface à la fourche-bêche en supprimant les racines de chiendent ou de liseron. Placez des protections contre le froid en particulier sur les rosiers nouvellement plantés. Taillez les rosiers arbustes en haie.

FÉVRIER

Plantez les nouveaux rosiers ou déplacez les anciens devenus gênants. Vers la fin du mois, taillez les polyanthas, les buissons à grandes fleurs et les grimpants remontants. Traitez préventivement contre les maladies cryptogamiques. Apportez si nécessaire du chélate de fer. Appliquez un désherbant sur le sol nu (type Simazine).

MARS

Au début du mois, terminez la taille des rosiers énumérés en février. Terminez la plantation des rosiers à racines nues. Brûlez les déchets de taille. Faites un premier apport d'engrais « spécial rosiers » que vous enfouirez par griffage après la taille.

AVRIL

Commencez les traitements contre les pucerons. Arrosez les nouvelles plantations. Binez pour aérer le sol. Epandez du fumier pailleux ou les premières tontes de gazon à la surface du sol pour limiter le développement des mauvaises herbes et l'évaporation.

MAI

Désherbez régulièrement. Arrosez. Terminez d'épandre les paillis, si cela n'a pas été fait. Poursuivez les traitements antiparasitaires. Supprimez les gourmands. Eboutonnez les tiges des rosiers destinés aux bouquets. Préparez les jardinières de rosiers miniatures.

◆ *En supprimant les boutons latéraux, on obtient de longues tiges uniflores se prêtant bien à confection des bouquets. Une opération à pratiquer sur les rosiers buissons, en mai-juin.*

JUIN

Pendant la pleine floraison des rosiers, évitez de les déranger. Ne traitez pas les plantes en plein épanouissement pour ne pas intoxiquer les abeilles. Arrosez. Plantez les rosiers en conteneur.

JUILLET

Poursuivez les arrosages surtout pour les nouvelles plantations. Coupez les fleurs fanées. Traitez. Faites un nouvel apport d'engrais « rosiers » pour stimuler la seconde vague de floraisons. Faites vos hybridations. Pensez toujours à installer un paillis.

AOUT

Stoppez les apports d'engrais. Désherbez et binez régulièrement la terre des massifs. Supprimez les fleurs fanées pour ne pas épuiser les plantes inutilement et pour l'esthétique également. Bouturez et greffez en écusson.

SEPTEMBRE

Marcottez les grimpants et les rosiers tapissants. Taillez les rosiers non remontants (arbustes et grimpants). Traitez toujours contre les insectes et les maladies. Enlevez les fleurs fanées. Rabattez légèrement les rosiers plantés en haie après la floraison (non remontants). Supprimez les gourmands. Plantez les rosiers en pot. Bouturez. Vous venez de recevoir le catalogue des rosiéristes ou pépiniéristes : passez votre commande rapidement.

Octobre

Préparez le sol pour les nouvelles plantations. Faites les corrections nécessaires et les apports d'engrais. Supprimez les fruits des rosiers (sauf pour les variétés décoratives). Récoltez les fruits des variétés que vous avez hybridées. Apportez les engrais organiques ou les engrais de fond.

Novembre

Faites vos plantations. Supprimez les fleurs fanées et, d'une manière générale, raccourcissez les tiges d'environ 1/3 de leur longueur pour donner un aspect plus propre aux arbustes pendant l'hiver. Brûlez ces déchets de taille et les feuilles mortes.

Décembre

Installez les protections contre le froid. Bêchez en surface. Apportez éventuellement du fumier décomposé. Plantez par beau temps ou bien placez les rosiers en jauge.

◆ *Un rosier bien nourri résiste mieux aux attaques parasitaires. Les engrais « Rosiers » s'utilisent essentiellement au moment du démarrage de la végétation (mars). A enfouir par griffage.*

Les petits secrets du rosier

◆ ***Arrosage.*** Ne laissez surtout pas sécher les sujets nouvellement plantés, car leurs racines ne sont pas encore suffisamment développées pour aller chercher l'eau en profondeur. Pendant les longues périodes de sécheresse, arrosez tous vos rosiers, directement au pied sans mouiller le feuillage. Faites couler l'eau du tuyau lentement pour qu'elle descende en profondeur et n'humidifie pas la surface uniquement, ce qui ne sert à rien. L'arrosage automatique au goutte à goutte est très efficace et pratique.

◆ ***Engrais.*** Dans la majorité des cas, les engrais « rosiers » vous donneront entière satisfaction. Ils sont tous enrichis en magnésie, un oligo-élément très apprécié des rosiers. Enfouissez ces engrais par griffage ou bêchage de surface sur terrain humide. Après la première floraison de juin, un apport d'engrais stimulera la remontée des fleurs. Il faut une bonne poignée de granulés par sujet. Les engrais organiques (guano, sang desséché, corne torréfiée) sont enfouis en profondeur (bêchage à la fourche-bêche) de préférence en automne ou en fin d'hiver. Les fumiers décomposés, les composts sont utiles dans les terres un peu trop lourdes ou, inversement, trop sableuses. Conseillée pour les sols un peu trop acides, la chaux magnésienne donne de bons résultats.

◆ ***Désherbage.*** Le plus gros du travail peut être fait avant la plantation en éliminant le maximum de racines d'herbes vivaces. Après un labour d'hiver, le sol est généralement propre au début du printemps. Avant la levée des mauvaises herbes annuelles, épandez un désherbant chimique de prégermination (produits à base de Simazine ou de Dichlobénil), sur les plantations âgées de plus de 2 ans seulement. Evitez d'utiliser cette solution tous les ans, car ces produits sont rémanents : ils se stockent dans le sol et risquent de provoquer, à la longue, des troubles aux rosiers.

Il existe aussi des désherbants spécifiques contre le liseron ou le chiendent. Utilisez-les sur les herbes en plein développement (mai-juin), en ayant soin surtout de ne pas les projeter sur le feuillage des rosiers (protégez-le avec des films en plastique). L'avantage

◆ Ci-dessus : *au moment de la plantation, ménagez une large cuvette au pied du rosier pour retenir l'eau d'arrosage au contact des racines.*
Au centre : *chaque automne sous les climats froids, et la première année seulement dans les autres régions, couvrez la base des rosiers d'une épaisse couche de tourbe.*
Ci-contre : *les rosiers tiges sont toujours sensibles au gel. Glissez de la paille entre les branches et enrobez le tout sous un voile de protection hivernale (une bâche, par exemple).*

de ces produits : ils ne laissent pas de résidus toxiques dans le sol.

Enfin, solution plus écologique, le paillis de 5 cm d'épaisseur composé de tourbe brune, de fumier de cheval pailleux, de tonte de gazon, ou de compost, limite le développement des mauvaises herbes.

◆ ***Protection contre le froid.*** Les rosiers sont des arbustes rustiques, mais ils ont tout de même quelques points sensibles. Au niveau de la greffe en particulier, il est souhaitable d'éviter les effets des grosses gelées et les fortes brûlures du soleil. N'hésitez pas à tourber la base des rosiers, s'ils sont très exposés ou s'ils viennent d'être plantés. Protégez également les rosiers tiges : le point de greffe est à tout vent (voir croquis). Dans les régions très froides, en altitude, buttez franchement le pied des rosiers en remontant la terre sur 20 cm environ. N'oubliez pas d'ôter les protections dès le démarrage de la végétation, fin février.

◆ ***Fleurs fanées et gourmands.*** Supprimez régulièrement toutes les fleurs fanées et les fruits, qui épuisent la plante. En coupant assez bas sur la tige, 25 cm environ sous le bouquet de fleurs fanées, juste au-dessus d'une feuille, vous provoquerez le départ des bourgeons latéraux qui, à leur tour, porteront des fleurs.

Les gourmands sont des pousses qui se développent sous le point de greffe. Ils forment des tiges vigoureuses, très droites portant des feuilles à 7 folioles. N'hésitez pas à les rabattre au ras du sol (déterrez légèrement la base du rosier pour tailler le plus près possible du collet). Ils fatiguent inutilement le rosier. Vous pouvez vous amuser à bouturer et à marcotter ces gourmands. Ils vous serviront de porte-greffe, si vous vous adonnez à ce passe-temps.

◆ Ci-dessus : ***les pousses se formant sur le tronc des rosiers tiges doivent être éliminées régulièrement.*** **Ci-contre :** ***suppression des gourmands partant sous le point de greffage.***

PREMIÈRE ANNÉE : SOINS RÉDUITS

→ Pas de taille de printemps.
→ Pas d'engrais d'entretien.
→ Beaucoup d'eau.
→ Pas de fleurs coupées pour vos bouquets.
→ Protection hivernale avec de la tourbe.
→ Traitements anti parasitaires réguliers.

La taille en détail

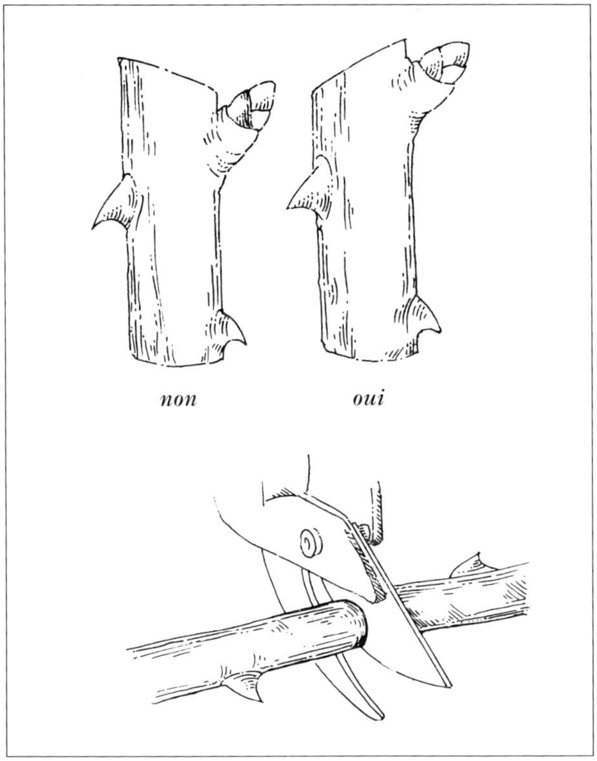

◆ ***Principes généraux valables pour la taille de tous les rosiers : tenez le sécateur de manière à placer la contre-lame sur la partie du rameau à supprimer. Coupez en biais, légèrement au-dessus d'un bourgeon.***
Page de gauche : ***le rosiériste André Eve à l'œuvre.***

Cette opération est indispensable pour obtenir une végétation équilibrée et une abondante floraison. Sur certaines espèces, il s'agit seulement d'un nettoyage et d'une simple remise en forme. Pour d'autres, la taille est très sévère et impressionne les jardiniers débutants. Apprenez à bien placer votre sécateur.

Rosiers buissons

REMONTANTS
(Hybrides de thé, polyanthas, floribundas)

◆ ***Epoque de taille :*** à partir du 20 février (climat doux) jusqu'au 15 mars (climat froid). Plus on taille tard, plus la floraison est tardive. Une taille précoce suivie de gelées tardives peut entraîner des conséquences encore plus désastreuses.

◆ ***Principes de base :***
→ Favoriser le développement de nouvelles pousses sur lesquelles apparaissent les boutons floraux.
→ Eliminer le bois mort.
→ Supprimer les branches se développant vers l'intérieur du buisson.
→ Supprimer les brindilles chétives.
→ Conserver de 3 à 5 belles branches bien réparties.
→ Raccourcir ces branches en taillant au-dessus d'un œil placé vers l'extérieur du buisson.
→ Tailler très court (de 1 à 3 yeux), si le rosier est un peu chétif.
→ Tailler plus long (de 3 à 5 yeux), si le rosier est très vigoureux.
→ Compter les yeux à partir du départ de la première jeune branche, si le rosier est très vieux.

Un rosier remontant se distingue par une floraison échelonnée durant plusieurs mois, depuis juin jusqu'aux premières gelées.

1 ▲

2 ▲

▼ 3

◆ La taille du rosier buisson en images :
1. *nettoyez la végétation pour y voir plus clair ;*
2. *coupez au ras du sol une ou deux vieilles branches ;*
3. *éliminez le bois mort ;*
4. *taillez les branches conservées à environ 30 cm du sol ;*
5. *coupez juste au-dessus d'un œil (bourgeon) ;*
6. *enduisez d'un produit cicatrisant les grosses plaies de coupe, cela afin d'interdire aux parasites de s'introduire dans le bois tendre.*

4 ▲

▼ 5

▼ 6

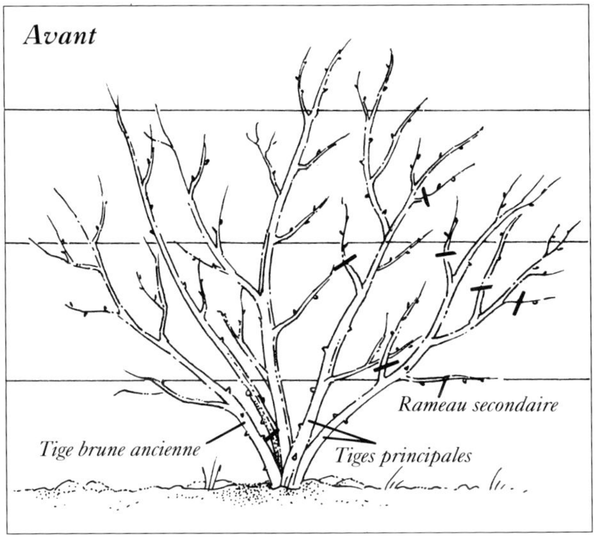

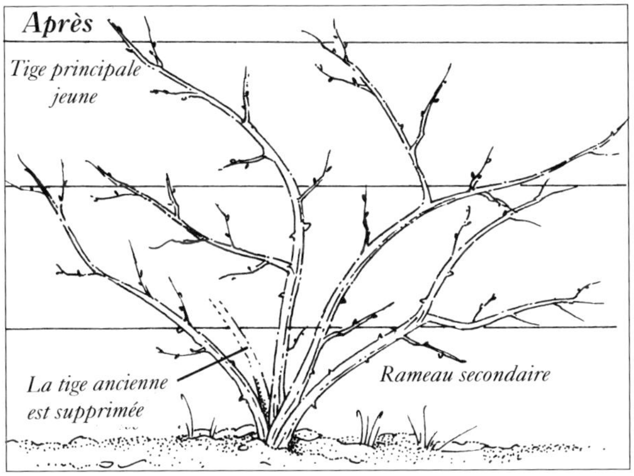

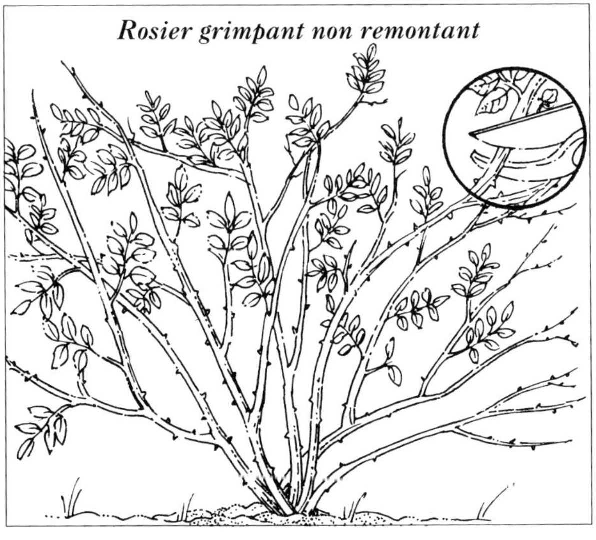

Un rosier non remontant fleurit de façon spectaculaire, mais pendant une période précise, trois semaines ou un mois, pas davantage.

Rosiers grimpants

Remontants

◆ ***Epoque de taille :*** du 20 février au 15 mars environ.

◆ ***Principes de base :***

→ Favoriser le départ de nouvelles branches démarrant à la base du rosier au profit des anciennes. Les jeunes tiges sont bien vertes, les vieilles prennent une teinte brune. Lorsque le rosier a plusieurs branches charpentières, supprimez-en une au ras du sol. En principe, une nouvelle se formera.

→ Rabattre les branches charpentières de 1/4 environ de leur longueur.

→ Ces branches charpentières portent de petits rameaux latéraux sur lesquels se forment les boutons floraux. Tailler au-dessus du troisième ou cinquième œil compté à partir de la ramification.

→ Dépalisser les branches charpentières et les diriger à l'horizontale (dans la mesure du possible) pour favoriser le développement de pousses secondaires.

→ Attacher soigneusement tous les rameaux et les branches charpentières avec des liens en osier ou des attaches plastifiées.

Non remontants

◆ ***Epoque de taille :*** après la floraison, généralement à la fin de l'été.

◆ ***Principes de base :***

→ Supprimer le bois mort.

→ Eliminer les anciennes branches charpentières ne formant pratiquement plus de rameaux latéraux. Les tailler au ras du sol.

→ Favoriser la naissance de nouvelles branches qui porteront des fleurs en supprimant les rameaux défleuris.

◆ **Taille du rosier grimpant remontant.** ***Avant : les tiges anciennes sont supprimées au ras du sol. Tous les rameaux secondaires sont taillés entre deux et trois yeux. Après : les tiges sont palissées sur les fils de fer.*** **Taille du rosier grimpant non remontant.** ***Très simplifiée, elle consiste surtout à éliminer les rameaux défleuris ou les vieilles tiges.***

La taille du rosier arbuste
Taillez à deux yeux
les rameaux secondaires
Rabattez
les pousses terminales
d'un tiers de leur longueur
Supprimez
les pousses défleuries
ou portant des fruits
Éliminez le bois mort
ou les branches abîmées
Taillez les vieux rameaux
au ras des nouvelles pousses

◆ Ci-dessus : *les rosiers miniatures nécessitent une taille très succincte, qui consiste à éliminer principalement les rameaux desséchés.* Ci-dessous : *rosier tige taillé régulièrement.*

Rosiers arbustes

◆ ***Epoque de taille :*** en hiver.

◆ ***Principes de base :***

→ Eliminer le bois mort.

→ Laisser l'arbuste prendre sa forme pendant les trois premières années. Pour cela, rabattre les branches principales à 60-80 cm environ de hauteur.

→ Lorsque le rosier vieillit, supprimer de temps en temps une ou deux branches principales au ras du sol pour favoriser le départ de nouvelles.

→ Laisser la végétation se développer naturellement sans pratiquement intervenir.

→ Tailler uniquement les rosiers plantés en haie, si les branches deviennent envahissantes.

Rosiers miniatures

◆ ***Epoque de taille :*** début mars.

◆ ***Principes de base :***

→ Eliminer le bois mort.

→ Supprimer totalement les brindilles chétives.

→ Conserver et rabattre à 3 ou 5 yeux les tiges principales qui porteront les plus belles floraisons.

Rosiers boutures

CULTIVÉS *IN VITRO* (MEILLANDINAS)

◆ ***Epoque de taille :*** fin février, début mars (variétés remontantes).

◆ ***Principes de base :***

→ Suivre les mêmes principes que pour les rosiers buissons à grandes fleurs ou les polyanthas greffés.

→ Pratiquer une taille des tiges principales un peu plus courte (de 1 à 3 yeux).

Rosiers tiges

REMONTANTS

◆ ***Epoque de taille :*** fin février, début mars.

◆ ***Principe de base :***

→ Procéder comme pour les rosiers buissons et polyanthas. Les yeux sont comptés à partir du point de greffe au sommet du tronc.

LEÇON DE TAILLE

Comment tailleriez-vous ces Rosiers, demandais-je un jour à un habile praticien, en lui montrant des Baronne Prévost ayant acquis un assez grand développement ?

– Moi, dit-il, je prendrais une bonne serpe, et...

– Je me récriai : Comment ! tailler des Rosiers avec une serpe ?

– Après tout, reprit-il, si vous craignez de vous piquer, rien n'empêche de vous servir d'un croissant !

Cette réponse prouve surabondamment que ce praticien était loin, très loin même, de faire une science de la taille du Rosier.

Là, comme partout ailleurs, la vertu n'est pas dans les extrêmes ; aussi, sans prétendre qu'on puisse tailler comme il faut les Rosiers à coups de serpe, nous nous refusons formellement à insinuer qu'il faut faire de longues études préalables pour arriver à tailler convenablement ces jolis arbustes.

La taille a pour but de conserver au Rosier une forme grâcieuse, de ne lui laisser que le bois qu'il peut nourrir facilement et de le faire fleurir convenablement.

La végétation, ou autrement dit la vigueur, et par suite la grosseur des branches composant la charpente d'un Rosier étant très inégale, la taille a encore pour but de rétablir, autant que faire se peut, l'équilibre entre toutes les branches de la ramure, et cet équilibre est surtout désirable chez les Rosiers à tige, afin d'obtenir et de conserver la symétrie de la cime, c'est-à-dire la tête.

Dans la pratique de cette opération, comme dans la plupart des travaux horticoles, nous sommes d'avis que l'on doit chercher à imiter la Nature.

Extrait de Les rosiers *de Cochet-Cochet et S. Mottet, 1896.*

◆ Ci-contre : *la suppression du bois mort, inesthétique et source de maladies et d'attaques parasitaires, concerne tous les rosiers.*
Ci-dessous : *le rosier pleureur 'Wedding Day'. Cette variété non remontante doit être taillée après la floraison en c oupant uniquement le bois mort et les rameaux fanés. D'une manière générale, la suppression des vieilles branches permettra aux plus jeunes de se former au sommet.*

Rosiers pleureurs

REMONTANTS

◆ ***Epoque de taille :*** fin février, début mars.

◆ ***Principes de base :***

→ Eliminer le bois mort.

→ Supprimer les vieilles branches retombantes au profit de plus jeunes se formant au sommet du tronc.

→ Rabattre les branches principales de 30 à 40 cm environ. Ne pas couper les branches toutes à la même longueur, mais former différents échelons pour obtenir une forme plus souple.

→ Tailler les rameaux secondaires à 3 ou 5 yeux selon leur grosseur.

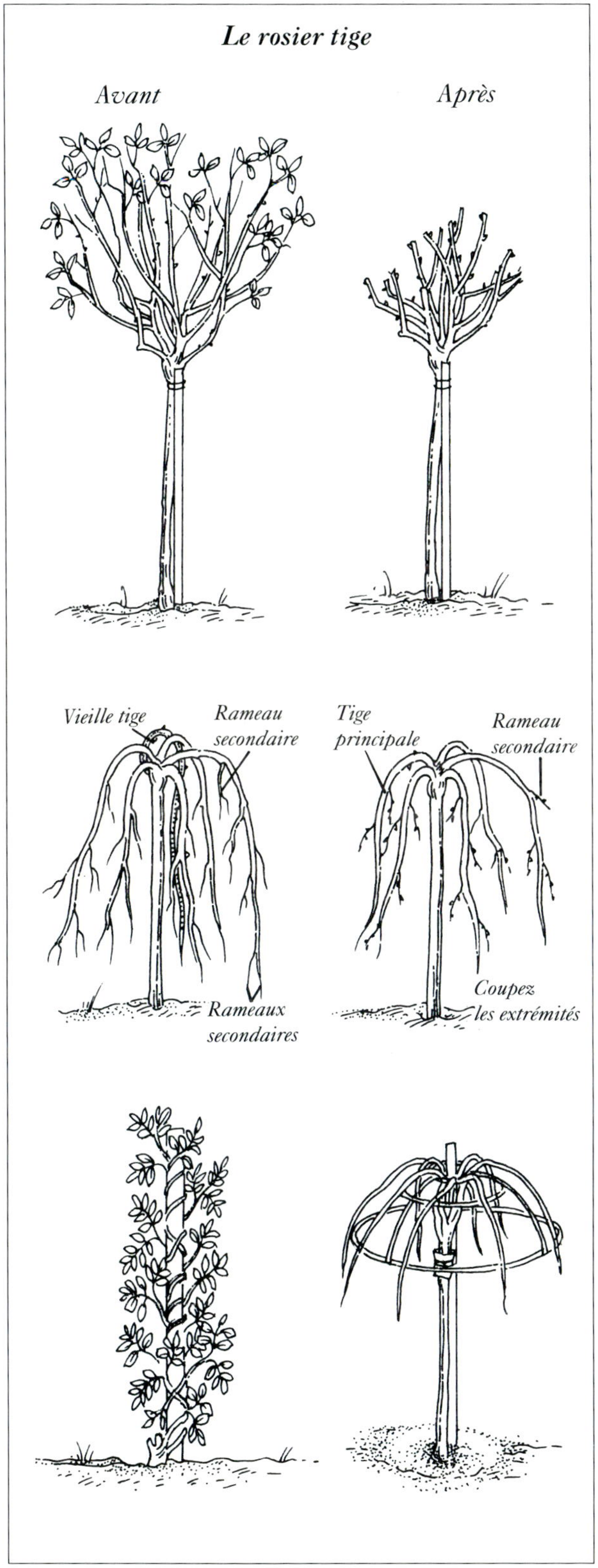

NON REMONTANTS

◆ ***Epoque de taille :*** après la floraison, de préférence en septembre.

◆ ***Principes de base :***

→ Eliminer le bois mort.

→ Laisser se former un maximum de branches principales partant du tronc. Supprimer plus tard les plus vieilles d'entre elles (une ou deux par an) pour favoriser le départ des plus jeunes.

→ Tailler les rameaux secondaires ayant porte des fleurs.

◆ Ci-contre, en haut : ***taille du rosier tige. Supprimez totalement le bois mort et les vieilles branches. Raccourcissez à 3 yeux les autres pousses.***
Ci-contre, au centre : ***taille du rosier pleureur. Essayez de conserver une forme équilibrée par une bonne répartition des branches autour du tronc***
Ci-contre, en bas : ***dirigez les tiges souples des grimpants autour des piliers de la pergola (à gauche). Il existe des armatures métalliques pour réaliser de beaux parapluies avec les rosiers pleureurs (à droite).***

1 ▲

▼ 2

◆ Le bouturage de rameaux semi-herbacés :
1. prélevement d'une bouture.
2. préparation du mélange de bouturage : sable et tourbe, par moitié.
3. suppression des fleuilles de base.

▼ 3

4 ▲

4. trempez la base de la bouture dans une poudre d'hormones.
5. repiquage en pot, dans le substrat préparé.
6. conservation des boutures à l'étouffée, sous un sac en plastique.

▼ 5

▼ 6

La multiplication

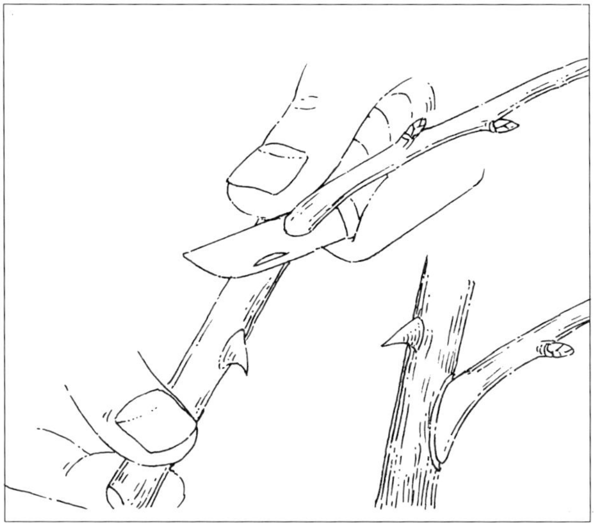

◆ Ci-dessus : *les boutures à bois sec se prélèvent avec un talon d'écorce.* Ci-contre : *elles sont ensuite repiquées au jardin dans une petite tranchée remplie de sable.*

Vous avez simplement envie de propager une rose qui vous tient à cœur. Vous rêvez de découvrir de nouvelles variétés ? Alors tentez la bouture, la marcotte, le semis ou la greffe.

Le bouturage : la facilité

Les rosiers issus de boutures n'auront peut-être pas tous une végétation régulière, mais c'est le moyen le plus sûr de multiplier votre rose préférée.

◆ ***Les meilleurs rosiers à bouturer.*** Toutes les espèces ne forment pas facilement des racines. Les nouvelles variétés de buisson à grandes fleurs, par exemple, sont assez rebelles au bouturage.

Vous aurez de meilleures chances de réussite avec les rosiers grimpants : 'Noisette' et ses hybrides, 'Bourbon', 'Bengale' et leurs hybrides, la variété 'American Pillar', 'Crimson Rambler', 'Excelsa' 'Dorothy Perkins', 'Paul's Scarlet Climber'... ainsi que les rosiers polyanthas en général et les rosiers miniatures.

◆ ***Les époques idéales.*** En août-septembre : prélevez les rameaux aoûtés (le bois commence tout juste à se lignifier) pour le bouturage demi-herbacé. L'enracinement se fait dans des pots ou des caissettes placées sous châssis ou couvertes d'un film de plastique, pour conserver chaleur et humidité. Conservez la culture à l'extérieur dans un coin mi-ombragé du jardin. Protégez-la contre le gel. En hiver, vous pouvez faire des boutures dites à bois sec, entre novembre et février. Les boutures de 20 cm de longueur environ sont prélevées avec un morceau d'écorce de la branche porteuse (bouture à talon).

Le repiquage se fait à l'extérieur dans une petite tranchée remplie d'un mélange de sable et de tourbe. Installez un châssis, un tunnel de plastique ou une cloche jusqu'au démarrage de la végétation. Celui-ci indique la reprise de la bouture.

Le marcottage en souplesse

Cette technique est assez comparable à la pré-cédente, mais le rameau que l'on fait raciner n'est pas immédiatement séparé du pied-mère. Les chances de reprise sont donc plus importantes. Tous les rosiers ne se plient pas à ce mode de multiplication.

◆ ***Les meilleurs rosiers à marcotter.*** Ce sont en général des rosiers vigoureux à rameaux souples (grimpants ou tapissants). Les espèces indiquées pour le bouturage restent valables. On peut également marcotter des rosiers arbustes comme les anciennes races de Provins, les centfeuilles, les mousseux, les Damas... et certains hybrides de thé vigoureux.

◆ ***Les techniques.*** Pour les espèces à rameaux longs et souples, on pratique le marcottage par couchage en mars-avril ou en septembre. Une petite partie du rameau est enterrée dans un mélange léger (sable et tourbe) jusqu'à la formation de racines, deux mois plus tard environ. Le nouveau rosier peut alors être sevré du pied-mère. La transplantation se fait en période de repos végétatif.

Moins courant, le marcottage par buttage permet de reproduire des rosiers à port plus raide. Il faut de nombreuses tiges démarrant du pied. Pour cela rabattez le rosier au printemps assez sévèrement. L'année suivante, au mois de mars également, remontez la terre sur les tiges jusqu'à 25 cm de hauteur environ. Allégez cette terre avec de la tourbe. Dès l'automne, prélevez les rameaux enracinés et transplantez-les.

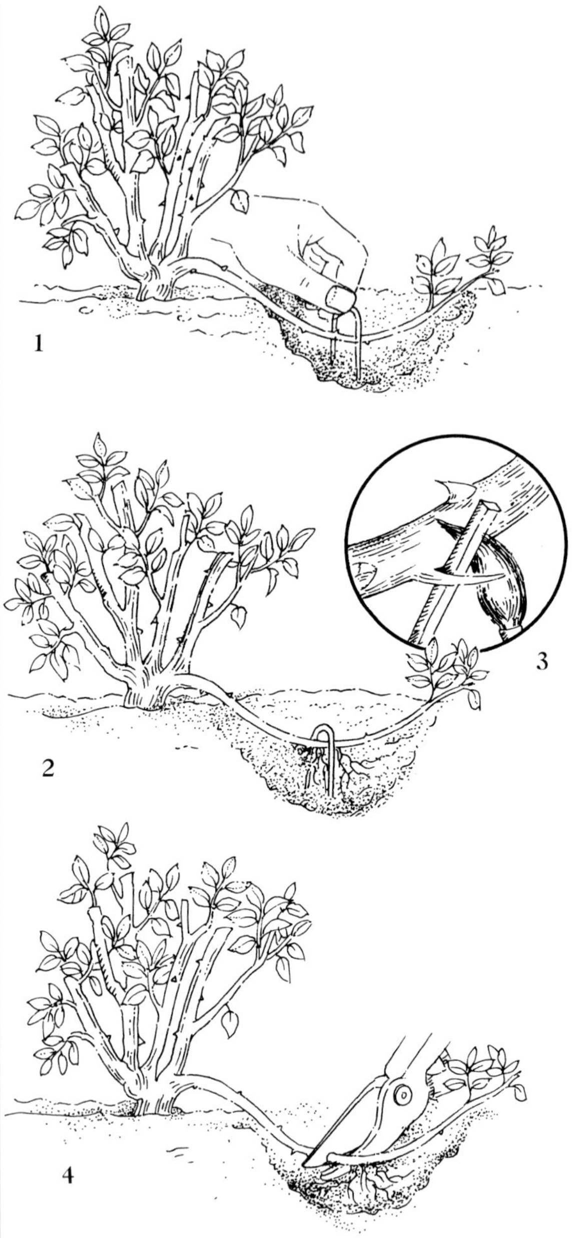

1. ***choisissez un rameau long et souple ;***
2. ***sur la partie à enterrer, incisez l'écorce en surface en la maintenant soulevée avec une allumette, et poudrez avec des hormones de bouturage ;***
3. ***fixez la partie à enterrer avec un fil de fer en cavalier ;***
4. ***après la formation des racines, séparez le nouveau rosier du pied-mère.***

Le greffage : plus sûr

Avec elle pas de mystère. La variété que vous désirez reproduire donne des "enfants" ressemblant comme deux gouttes d'eau aux "parents". Pour les pépiniéristes, c'est une des principales raisons de la choisir. Pour l'amateur, le greffage est occasionnel (lorsqu'on désire reproduire une variété rare) à moins d'être un véritable passionné.

◆ ***Choix du porte-greffe.*** Il vous faut au départ un support qui convienne pour implanter votre variété. On utilise des rosiers sauvages ou botaniques, que

1 ▲

◆ Le greffage en écusson :
1. *effeuillez le rameau porte-greffon ;*
2. *prélevez le greffon en glissant la lame du greffoir juste sous l'écore du rameau ;*

▼ 2

▼ 3

◆ 3. *tenez le greffon par le pétiole pour ne pas salir et endommager les tissus vitaux. Faites une incision en « T » sur l'écorce du porte-greffe ;*

▼ 4

◆ 4. *faites glisser l'écusson dans l'incision en « T » avec la spatule du greffoir. Les tissus du greffon et du porte-greffe doivent ôtre bien mis en contact.*

5 ▲

◆ 5. *coupez le lambeau d'écorce du greffon dépassant de l'incision en « T » :*
6. *liez avec un brin de raphia humide ;*
7. *reprise de la greffe au printemps.*

6 ▲

▼ 7

l'on trouve assez facilement chez les grands rosiéristes ou directement dans la nature.

◆ ***La technique utilisée.*** Il s'agit d'un écussonnage, c'est-à-dire du greffage d'un œil prélevé avec un petit morceau d'écorce en forme d'écusson. La période la plus pratique pour effectuer cette opération se situe en juillet-août. C'est la greffe à œil dormant. En effet, le bourgeon greffé reste endormi tout l'hiver et ne donne des signes de reprise qu'au printemps.

Il est essentiel de choisir le moment idéal pour réussir l'opération. L'écorce doit se soulever sans difficulté à l'aide du greffoir.

La sélection de l'œil du greffon est également très importante. Il doit être bien formé et placé au milieu d'un jeune rameau de l'année. En automne, il est facile de constater la réussite de la greffe. Au moment de la chute des feuilles, le petit pétiole porté par l'œil tombe naturellement. En cas d'échec, il reste adhérent et se dessèche. Il faudra recommencer l'année suivante et prendre davantage de précautions.

Le semis : une loterie

Ce n'est évidemment pas le moyen le plus courant de multiplication. Les rosiers que l'on obtient sont d'une qualité irrégulière. L'aventure vaut tout de même la peine d'être tentée, si vous désirez reproduire à peu de frais des rosiers botaniques (pour créer une haie naturelle par exemple), ou si vous vous amusez à chercher de nouvelles variétés.

◆ ***Les meilleurs rosiers à semer.*** Il s'agit des rosiers botaniques (églantiers, variétés anciennes...). Les variétés nouvelles risquent de ne pas offrir les fleurs que vous attendez mais, qui sait, la surprise peut être bonne ! Les églantiers et les espèces sauvages, *Rosa canina, Rosa multiflora,* peuvent être également semés pour faire des porte-greffes.

◆ ***La bonne époque.*** Les fruits sont récoltés en automne lorsqu'ils sont bien mûrs. En les coupant en deux ou en quatre, on peut prélever les graines et les semer en décembre. Cela se fait sous châssis en terrine ou en petits pots individuels avec une chaleur de fond de 7 à 8 °C environ. La germination est assez lente : de un mois à un mois et demi. Les jeunes

◆ **Semis de rosier.**
Ci-contre : ***récoltez les fruits du rosier (cynorhodons) en automne. Coupez-les en deux pour en extraire les graines.***
Ci-dessous : ***répartissez la semence dans des petits pots remplis de terreau.***

plantes peuvent être repiquées au printemps en petits pots. Les premières floraisons apparaissent dès le début du premier été.

1 ▲

L'hybridation savante

Faites de beaux mariages. Si l'envie de découvrir de nouvelles variétés vous tente, vous allez devoir forcer un peu la nature. Prenez cela comme un jeu, car les chances de mettre au monde la perle rare sont infimes. On dit qu'il sort une variété intéressante tous les dix mille semis.

L'intuition, la connaissance des roses, des notions de génétique sont des atouts indispensables. Il faut savoir choisir les parents qui donneront peut-être l'"enfant" prodige. Après le croisement des variétés, la réussite de l'opération se manifeste par la formation d'un fruit bien rond dont les graines pourront être semées selon les règles que nous venons de voir.

▼ 2

◆ **L'hybridation du rosier :**
1. ***enlevez les pétales et les étamines de la rose à hybrider :***
2. ***récoltez le pollen sur une autre rose (père) ;***
3. ***fécondez la rose-mère avec le pollen ;***
4. ***protection contre les fécondations non désirées.***

◄ 3

► 4

Protection contre les insectes et les maladies

Prévenir les attaques des parasites et des maladies est le meilleur moyen de voir vos rosiers en pleine forme. On peut éviter beaucoup de problèmes en prenant certaines précautions dès la plantation et en apportant une nourriture équilibrée. Il faut s'habituer à détecter les premiers symptômes d'une attaque parasitaire pour pouvoir agir très rapidement avant l'invasion totale, difficile à combattre.

Les variétés résistantes

Certaines variétés de rosiers sont régulièrement attaquées par l'oïdium (maladie du blanc). C'est le cas par exemple des grimpants hybrides de *Wichuriana* (petites fleurs en pompons) comme 'Dorothy Perkins' ou des variétés récentes comme 'Super Star'. Cultiver ces rosiers dans un endroit très chaud et mal aéré

◆ Ci-dessus : *'Centenaire de Lourdes' sait tenir tête aux parasites.* Ci-contre : *à ne pas confondre avec une maladie, la chlorose ferrique est le résultat d'une carence en fer. Elle se manifeste dans les sols trop calcaires.*

(mur en plein soleil) ou humide aggrave encore les dégâts. En revanche, certaines variétés semblent tout à fait insensibles à ce genre d'ennui. Les rosiers anciens, les variétés à fleurs simples *(Rosa rugosa* n'est pratiquement jamais malade) sont en effet épargnés par beaucoup de maladies cryptogamiques. A partir de ce patrimoine génétique résistant, certains rosiéristes ont cherché à créer de nouvelles variétés. Les résultats sont souvent très intéressants. Si la floraison vous plaît, préférez ces roses sans souci. Elles sont signalées dans les catalogues. Parmi les variétés récentes, nous vous conseillons 'Queen Elisabeth', 'Centenaire de Lourdes', 'Rose Gaujard', 'Rouge Meilland, 'Kiki rose', 'Landora'...

Symptômes et remèdes

Les maladies

◆ ***Chancre :*** des lésions brunes et nécrosées apparaissent sur les rameaux. Des champignons microscopiques accentuent la blessure due, au départ, à un mauvais coup de sécateur ou à un morceau de bois mort oublié. La branche entière dépérit ou, pire, le rosier, si le chancre se developpe sur le point de greffe.
Remèdes : nettoyez la plaie avec un greffoir (désinfectez ensuite la lame à l'alcool à 90°) et aseptiser avec du goudron de Norvège ou du mastic à greffer. Prenez l'habitude d'utiliser ces produits sur les plaies de taille importante. Traitez préventivement les rosiers avant le départ de la végétation avec un produit fongicide à base de cuivre.

◆ ***Galle :*** cette curieuse excroissance moussue se développe presque uniquement sur les églantiers, quelquefois sur certaines espèces botaniques. Elle se développe, par réaction, après la ponte d'un minuscule insecte (le cynips) dans les tiges de l'églantier. Les larves en grandissant provoquent le développement anarchique des tissus qui forment cette boule échevelée.
Remèdes : coupez les rameaux atteints pour ne pas équiser l'arbuste. Brûlez-les ensuite. C'est le seul traitement radical.

◆ ***Pourridié des racines :*** le rosier dépérit lentement sans raison apparente. Les feuilles tombent avant la saison. Il ne produit pas de nouvelles pousses.

◆ Ci-dessus : *le chancre peut être évité en protégeant les plaies de coupe.*
Ci-dessous : *la curieuse, mais rare, galle du rosier.*

◆ Ci-dessus : *l'oïdium survient par temps chaud et sec.*
Ci-contre : *la maladie des taches noires.*
Ci-dessous : *le mildiou.*

Remèdes : déterrez rapidement votre rosier. Examinez les racines. Si elles dégagent une odeur de champignons et sont couvertes de filaments blancs, il n'y a plus de doute. Ne laissez pas votre rosier traîner sur le sol, brûlez-le entièrement le plus rapidement possible. Enlevez et jetez la terre de plantation. Par mesure de sécurité, épandez dans la nouvelle terre un produit fongicide de sol. A l'avenir, évitez d'employer du fumier frais au pied de vos plantations.

◆ ***Oïdium :*** les tiges, les feuilles, les boutons à fleurs se couvrent d'un duvet blanc. Les jeunes pousses sont plus facilement atteintes. Les fleurs ne s'épanouissent plus et la végétation du rosier est compromise.
Remèdes : il existe des spécialités anti-oïdium assez efficaces à condition de les utiliser préventivement ou dès l'apparition des premiers symptômes. Les nouveaux produits ne tachent pas les feuilles (comme le fait le soufre) et ont une action systémique : ils circulent avec la sève. Ils restent donc efficaces même après la pluie. Les traitements sont appliqués au pulvérisateur toutes les trois semaines depuis le départ de la végétation jusqu'en septembre.

◆ ***Mildiou :*** cette maladie n'est pas tellement fréquente sur le rosier en plein air (davantage en serre ou dans les régions chaudes). Mais il est bon de savoir la détecter à temps, car elle peut provoquer une chute totale des feuilles dans le courant de l'été. Le premier symptôme se manifeste par des taches vert-jaune, qui brunissent ensuite et se délimitent par un liséré rouge. Les feuilles sont les plus atteintes.
Remèdes : nettoyez bien le sol aux pieds des rosiers. En général les fongicides utilisés pour les autres maladies cryptogamiques sont assez efficaces (spécialement à base de cuivre en particulier).

◆ ***Taches du feuillage :*** d'autre maladies cryptogamiques se manifestent essentiellement sur les feuillages formant des taches noires (marsonia), des taches blanches bordées de rouge foncé (anthracnose) ou des pustules orange au revers des feuilles (rouille). Le rosier végète, les floraisons ralentissent.
Remèdes : faites un premier traitement préventif avec un produit à base de cuivre en fin d'hiver. Pulvérisez un fongicide pendant la période de végétation (toutes les trois semaines). Il existe maintenant

des spécialités systémiques qui résistent mieux aux lessivages par la pluie puisqu'ils sont véhiculés par la sève et soignent la plante de l'intérieur.

Les insectes

◆ ***Araignée rouge :*** les feuilles se décolorent et tombent. A l'œil nu, vous ne voyez aucun parasite. A l'aide d'une loupe, vous découvrez de minuscules araignées couleur paprika et, parfois aussi, des toiles tissées très finement, surtout à l'envers des feuilles.
Remèdes : traitez avec un produit spécifique, un acaricide. Faites au moins deux pulvérisations à 15 jours d'intervalle. Dirigez la buse de l'appareil de traitement vers le dessous des feuilles. Les araignées rouges apparaissent surtout pendant les périodes de grande chaleur et de sécheresse. Restez vigilant si ces conditions se présentent. Les traitements d'hiver utilisés plus couramment sur les arbres fruitiers (à base d'huile jaune) sont un bon moyen de lutter préventivement contre ce parasite.

◆ ***Cicadelle :*** des petits pointillés blancs apparaissent sur les feuilles. Les bords se recroquevillent comme desséchés. Si l'on secoue les tiges, les insectes s'enfuient en faisant des bonds... Ils mesurent 5 mm de longueur environ et portent deux ailes.
Remèdes : il ne vous reste plus qu'à appliquer un traitement insecticide sans oublier le dessous des feuilles. Ne traitez pas en plein soleil, ni par temps venteux ou pluvieux. Les produits anti-pucerons sont efficaces.

◆ ***Cochenille :*** les tiges flétrissent et le rosier dépérit. Le feuillage devient collant. Sur les branches, entre les aiguillons, sont nettement visibles de minuscules chapeaux chinois de couleur brune, de 2 mm de diamètre environ. Mine de rien, ils sucent la sève de vos rosiers et sont responsables de leur mauvaise santé.
Remèdes : il est préférable de supprimer carrément les tiges gravement atteintes et de les brûler. Faites de toute façon deux traitements insecticides, de préférence systémiques, à trois semaines d'intervalle.

◆ **En haut :** *les araignées rouges provoquent une décoloration des feuilles.*
Au centre : *la cicadelle est visible au revers des feuilles.*
Ci-contre : *des cochenilles.*

◆ *Puceron :* les nouvelles pousses et les feuilles se recroquevillent. Des colonies de petites bêtes vertes s'agglutinent sur les tiges, les boutons floraux et au revers des feuilles. Pendant qu'ils sucent la sève et affaiblissent la végétation, les fourmis vont et viennent sur le rosier attirées par le miellat sucré.

Remèdes : commencez les traitements préventifs avant l'apparition des pucerons car ils ne manquent jamais l'occasion de se manifester. La chaleur favorise leur apparition. Les spécialités du commerce (poudre, solution pour pulvérisateur, aérosol) ne manquent pas. Les systémiques sont recommandés par temps pluvieux. Ces derniers, présentés sous forme de granulés, s'appliquent directement sur le sol au pied des rosiers. Ils agissent contre les pucerons tout en épargnant les insectes utiles (abeilles, coccinelles, syrphes...). Renouvelez les traitements toutes les trois semaines pendant la période de végétation, pratiquement jusqu'à la chute des feuilles. Laissez les coccinelles qui se nourrissent de pucerons.

◆ *Ver blanc :* le flétrissement du rosier est brutal et l'arbuste entier risque de dépérir. Là encore, il faut chercher la cause des dégâts au niveau des racines : les vers blancs (larves du hanneton) s'offrent un petit festin.

Remèdes : dégagez la terre autour des principales racines et épandez un insecticide de sol. Recouvrez les racines, mais n'arrosez pas pendant quelques jours pour éviter de lessiver le produit.

◆ Ci-dessus : ***les inévitables pucerons, dont les colonies recouvrent les tiges et les boutons floraux, dont ils se nourrissent de la sève, affaiblissant la végétation : les feuilles et les jeunes pousses se recroquevillent.***
Ci-contre : ***les vers blancs s'en prennent aux racines, le rosier dépérira rapidement. Il faut absolument vous en débarrasser avec un produit approprié (insecticide de sol).***

Roses en douceurs

◆ *A savourer en hiver,
en rêvant
aux futures floraisons.*

La confiture

On utilise le fruit du rosier (cynorhodon) en particulier celui des espèces anciennes *(Rosa rugosa...)*. Cueillez-le à parfaite maturité, lorsqu'il a pris une belle couleur orangée.

Pour éliminer les petites graines qui risquent de se coincer entre vos dents, laissez les fruits s'ouvrir seuls en les faisant bouillir dans de l'eau pendant une heure. Passez la purée obtenue. Vous pouvez aussi ouvrir les fruits en deux avant la cuisson et les épépiner en grattant la pulpe.

Mélangez la purée obtenue avec du sucre cristallisé (de 500 à 750 g par kg de fruits écrasés). Ajoutez-y le jus d'un citron et son zeste. Laissez mijoter une demi-heure environ à partir de l'ébullition. Cette confiture est délicieuse, originale et riche en vitamine C.

La gelée

Cette fois on utilise les pétales. Vous choisirez bien sûr ceux de roses vraiment parfumées, cueillis dans la journée après évaporation de la rosée. Supprimez la base blanche des pétales. Elle risquerait de donner un peu d'amertume à la gelée.

Prévoyez 2 kg de pommes pour environ 250 g de pétales de rose séchés, 1,5 litre d'eau et du sucre cristallisé. Laissez mijoter les quartiers de pommes dans l'eau pour obtenir une sorte de marmelade. Passez cette purée dans un tamis très fin et mesurez la quantité obtenue. Ajoutez une livre de sucre par demi-litre et incorporez les pétales. Faites à nouveau bouillir, puis laissez mijoter lentement (la gelée doit atteindre 28° au pèse-sirop). Filtrez et remplissez des petits pots avant que la gelée n'ait refroidi.

La liqueur

La préparation peut être faite à partir des fruits ou des pétales principalement de rosiers botaniques parfumés. Débarrassez les fruits mûrs de leurs poils urticants. Ecrasez-les au mortier. Versez la purée obtenue dans un bocal. Couvrez-la d'eau-de-vie. Ajoutez un morceau de cannelle, 2 ou 3 clous de girofle et un zeste de citron.

Un mois plus tard, tamisez ce jus pour éliminer les graines et les déchets. Ajoutez du sucre en poudre (200 g par litre). Laissez macérer deux ou trois mois avant de déguster.

A partir des pétales de roses, la recette est un peu différente. Il faut un litre d'eau-de-vie pour 150 grammes environ de pétales. Placez-les au fond d'un bocal et recouvrez-les d'alcool. Ajoutez quelques clous de girofle, des grains de coriandre et de la noix de muscade râpée. Mettez le tout à macérer un mois, puis filtrez la préparation. Mélangez-y à ce moment un sirop composé de 500 g de sucre cristallisé pour 3 verres d'eau. Versez dans une belle carafe.

Les pots-pourris

Grâce aux pots-pourris, le parfum subtil des roses vous poursuivra jusque dans vos armoires. Cueillez des fleurs venant juste de s'épanouir, sur les variétés aux senteurs les plus prononcées (roses de Damas). Détachez les pétales et installez-les sur un tamis ou sur une toile dans une pièce aérée (surtout pas à l'extérieur, en plein soleil). Le séchage doit être complet, faute de quoi les pétales risqueraient de moisir. Ce n'est pas en effet le but du pot-pourri, malgré le nom qu'il porte. Pour dégager le parfum, les pétales seront saupoudrés de sel. Vous pouvez traiter de la même manière les fleurs du jardin et les mélanger aux pétales de rose : lavande, sauge sclarée, héliotrope, réséda, œillet mignardise, feuilles de géranium odorant, de laurier, de verveine, etc.

Des senteurs différentes sont aussi obtenues en ajoutant au mélange des zestes d'oranges piqués de clous de girofle, des écorces de cannelle, des graines de coriandre, des feuilles de menthe séchées. Le dosage de ces différents ingrédients est à équilibrer à votre convenance. La quantité de pétales de rose doit représenter un quart du mélange environ, pour que leur parfum reste dominant. Pétales, fleurs, aromates, feuilles, sont ensuite rangés dans de petits bocaux en verre fermés hermétiquement. Patientez plusieurs mois avant d'apprécier les délicates émanations de votre pot-pourri. On peut verser un peu d'eau-de-vie dans le bocal et utiliser l'essence ainsi obtenue pour parfumer la maison ou les armoires à linge.

L'eau de rose

Pour la fabrication des parfums, les pétales de rose sont distillés à la vapeur. Ce processus permet de mettre en évidence l'essence qui flotte en surface, au-dessus de l'eau de rose ; celle-ci est plus légèrement parfumée et a des propriétés toniques et antispasmodiques. C'est elle que vous trouvez en pharmacie ou au rayon des cosmétiques. L'eau de rose n'est pas seulement utilisée pour la santé et la beauté de la peau. Elle parfume les pâtisseries et les friandises. Très prisée en Orient, on la retrouve dans les loukoums. Vous pouvez l'incorporer à vos recettes comme on le fait avec l'eau de fleurs d'oranger (beignets, crème, etc.).

Des lotions sont facilement réalisables avec les roses cueillies dans votre propre jardin. Préparez une infusion en faisant bouillir un litre d'eau minérale. Laissez infuser 40 g de pétales de rose environ pendant 1/4 d'heure. Lorsque le liquide est refroidi, versez-le dans une bouteille ou un flacon et utilisez cette eau pour la toilette du visage. En ajoutant 2 ou 3 cuillerées à café de vinaigre blanc, la lotion est employée pour les peaux sensibles. On peut adapter cette recette pour soigner les yeux fatigués. Dans ce cas, faites infuser 20 g de pétales de rose et la même quantité de fleurs de bleuet dans un litre d'eau.

Coupe
du fruit
Bouton
à fleur
Graine
Fruit
Aiguillon
Feuille
composée
de plusieurs
folioles
Œil
Onglet
Tige
Gourmand
Bourrelet de greffe
Racines
Pétale
Stigmate
Étamine
Style
Ovaire
Chevelu
Sépale
Tige ou pédoncule

La carte d'identité du rosier

De nombreux termes botaniques et techniques sont utilisés dans ce livre pour décrire les différentes parties du rosier. Ce descriptif vous aidera à les situer précisément.

◆ ***Racines :*** elles s'enfoncent assez profondement dans le sol (40 cm à 50 cm de bonne terre sont indispensables) et forment de nombreuses radicelles (le chevelu) allant puiser les éléments nutritifs et l'eau.

◆ ***Bourrelet de greffe :*** situé au niveau du collet de la variété que vous voyez fleurir. Certains rosiers bouturés n'ont pas de bourrelet de greffe et vivent sur leurs propres racines.

◆ ***Tiges :*** elles sont en général ligneuses et de couleur brune. Les pousses jeunes sont encore vertes. Ce sont elles qui porteront les boutons à fleurs, les rosiers fleurissant sur le bois de l'année.

◆ ***Gourmand :*** il s'agit d'une pousse ayant pris naissance sous le point de greffe. Elle n'offrira donc pas de floraison intéressante et devra être supprimée rapidement.

◆ ***Feuilles :*** elles sont composées et comportent cinq folioles (sept pour les gourmands). Elles tombent en automne et réapparaissent au printemps. A la base de chaque feuille se cache un œil.

◆ ***Yeux ou bourgeons :*** ils sont plus ou moins visibles selon les époques de l'année. En plein hiver ou au début du printemps, ils ne forment qu'une petite cicatrice latérale ou un léger renflement (œil dormant). Au printemps (mars), ils gonflent visiblement et facilitent les opérations de taille.

◆ ***Epines, ou aiguillons :*** il n'est point de roses sans épines, c'est bien connu. On peut les détacher des tiges sans risquer d'abîmer l'écorce. Formes et coloris sont variés, voire décoratifs chez certaines espèces.

◆ ***Fleurs :*** elles sont solitaires ou groupées. Selon le nombre de pétales, elles peuvent être simples (de 5 à 10 pétales), semi-doubles (jusqu'à 25 pétales) et doubles (à partir de 50 pétales). Chez ces dernières les étamines (organes mâles) et le pistil (organe femelle) sont totalement masqués.

◆ ***Fruits :*** appelés également cynorhodon (ou gratte-cul), ils apparaissent en automne. Ils sont de teinte rouge orangé, de diverses tailles et peuvent être décoratifs notamment chez les rosiers arbustes.

◆ ***Onglet, ou chicot :*** il s'agit d'un petit morceau de bois mort dépassant la ramification d'une branche. Il provient d'une taille trop longue.

Les belles roseraies de France

La meilleure période pour visiter les jardins de roses commence dès le mois de mai (pour les roses anciennes et les régions du sud de la France) et se prolonge jusqu'en juillet (pour les variétés modernes et les régions du Nord). Juin est le mois idéal pour l'ensemble du pays.

Angers (Marne-et-Loire) : fleuriste municipal
Argoules (Somme) : jardin de l'Abbaye de Valloires
Bagatelle (Paris) : bois de Boulogne
Bellegarde (Loiret) : au pied du château
Besançon (Saône-et-Loire) : Clos Barbisier
Blois (Loir-et-Cher)
Châlon-sur-Saône (Saône-et-Loire) : roseraie Saint-Nicolas
Doué-la-Fontaine (Maine-et-Loire)
Epinal (Vosges)
L'Haÿ-les-Roses (Val-de-Marne)
La Ferté-Saint-Aubin (Loiret)
Lille (Nord) : jardin des plantes
Lyon (Rhône) : parc de la Tête d'Or
Mandres-les-Roses (Val-de-Marne)
Marseille (Bouches-du-Rhône) : parc Borely
Montauban (Tarn-et-Garonne) : parc Chambord
Nancy (Merthe-et-Moselle)
Nantes (Loire-Atlantique) : jardin des plantes
Nîmes (Gard) : jardin de la Fontaine
Orléans (Loiret) : parc de la Source et roseraie municipale
Poitiers (Vienne)
Provins (Seine-et-Marne)
Rueil (Haut-de-Seine) : roseraie de la Malmaison
Saint-Sorlin-en-Bugey (Ain)
Saint-Victoir-sur-Loire (Haute-Loire)
Saverne (Bas-Rhin) : roseraie
Versailles (Yvelines) : parc du château

Sur demande, ces pépiniéristes spécialistes des roses anciennes ouvrent également leur jardin de collection aux amateurs :
André Eve, 28, faubourg d'Orléans, 45300 Pithiviers.
Bernard Boureau, 28 bis, rue du Maréchal Galliéni, 77166 Grisy-Suisnes.
Jean-Pierre Guillot, Domaine de la Plaine, Chamagnieu, 38460 Crémieu (ouverture à partir du printemps 93).
Pépinières Vizier, 11, rue des Prés, 77160 Provins.

Carnet d'adresses

➡ ***André Eve,*** B.P. 206, Morailles, 45300 Pithiviers-le-Vieil. Tél. : (16) 38 30 01 30.

➡ ***Bernard Boureau,*** B.P. 8, 77166 Grisy-Suisnes. Tél. : (1) 64 05 91 83.

➡ ***Clause,*** 91220 Brétigny-sur-Orge. Tél. : (1) 60 84 95 84.

➡ ***Delbard,*** 16, quai de la Mégisserie, 75054 Paris Cedex 01. Tél. : (1) 42 36 45 01.

➡ ***Ducher Maurice*** (Aux Roses de Lyon), 69800 Saint-Priest. Tél. : (16) 78 20 01 40.

➡ ***Gaujard-Grillet,*** B.P. 40, 69552 Feyzin Cedex. Tél. : (16) 78 70 33 29.

➡ ***Jacques Briant,*** 49480 Saint-Sylvain d'Anjou. Tél. : (16) 41 37 66 33.

➡ ***L'Arche de Noé,*** B.P. 91, 95332 Domont Cedex. Tél. : (1) 39 35 11 49.

➡ ***Laperrière, Chesnes,*** 38070 Saint-Quentin-Fallavier. Tél. : (16) 74 94 04 036.

➡ ***Meilland-Richardier,*** B.P. 2, 69815 Tassin-la-Demi-Lune Cedex. Tél. : (16) 78 34 46 52.

➡ ***Orard,*** 69320 Feyzin. Tél. : (16) 78 70 32 36.

➡ ***Pépinières Charentaises,*** 16310 Montembœuf. Tél. : (16) 45 65 02 61.

➡ ***Pépinières Rhône-Alpes*** (André Gayraud), « Les Greffets », 01440 Viriat. Tél. : (16) 74 25 36 55.

➡ ***Reuter Frères,*** 38790 Saint-Georges-d'Espéranche. Tél. : (16) 74 59 02 10.

➡ ***Rose d'Antan, Pépinières de Kermunut,*** 22200 Graces. Tél. : (16) 96 44 41 10.

➡ ***Roseraie de Berty,*** 07110 Largentière. Tél. : (16) 75 88 30 56

➡ ***Roseraie Guillot,*** Domaine de la Plaine, Chamagnieu, 38460 Crémieu. Tél. : (16) 74 90 27 55.

➡ ***Roses du Temps Passé,*** Ferme de Gally, 78210 Saint-Cyr-l'Ecole. Tél. : (1) 34 60 63 30.

➡ ***Rose Pekmez,*** 67290 La Petite Pierre. Tél. : (16) 88 70 45 25

➡ ***Sauvageot,*** Vaire-le-Grand, 25220 Roche-lez-Beaupré. Tél. : (16) 81 57 00 26

➡ ***Schryve Jardin,*** 59270 Bailleul. Tél. : (16) 28 49 27 40.

Index

A

B

C

D

E

F

G

Q/R

S

T

V

W

Y/Z

Remerciements, source des illustrations

Nous tenons à remercier l'ensemble des personnes et des établissements qui ont apporté leur aimable collaboration à cet ouvrage, par le prêt de documents ou par la réalisation de prises de vue.

Photos

Toutes les photos sont de l'auteur,
à l'exception de celles figurant pages :
67d, 68g, 82h, 85h, 87, 97b (Delbard) ; 50h, 53h (A. Eve) ;
68h (Gaujard) ; 45, 82h (Lamontagne) ; 70h (Laperrière) ;
48h (MAP/A. Descat) ;
2, 35, 37, 38-39, 138-139, 139, 140, 141, 148 (J.-C. Mayer/G. Le Scanff) ;
66h, 67g, 68d, 71b, 73, 78h, 79, 80, 83d, 84b, 86b, 88b,
89h, 92b, 95b, 99b, 100 (Meilland) ;
65h, 69h, 75h, 76, 98b (Rose Pekmez).

Dessins

C. Beaumont: pp. 101 et 142 ;
M.-C. Eyraud : pp. 22, 24, 34, 111, 116, 117, 119, 121, 125, 127, 128 ;
M. Sinier : p. 122.

◆ **Page de droite :** ***rosier grimpant 'Paul's Scarlet Climber'.***

Maquette, réalisation : Inéluctable, Paris
Photogravure : S.N.O. ET P.P.O.

Achevé d'imprimer en août 1992
par Pollina, 85400 Luçon
N° d'imprimeur : 15311
N° d'éditeur : 48008